岩 波 文 庫

34-033-1

日 本 国 憲 法

長谷部恭男解説

岩 波 書 店

目　次

日本国憲法

一九四六年一一月三日公布
一九四七年五月三日施行

朕《ちん》は、日本国民の総意《そうい》に基《もと》づいて、新日本建設の礎《いしずえ》が、定まるに至つたことを、深くよろこび、枢密顧問《すうみつこもん》の諮詢《しじゅん》及び帝国憲法第七十三条による帝国議会の議決を経た帝国憲法の改正を裁可《さいか》し、ここにこれを公布せしめる。

御《ぎょ》名《めい》御《ぎょ》璽《じ》

昭和二十一年十一月三日

内閣総理大臣兼
外務大臣　吉田　茂
国務大臣　男爵　幣原喜重郎
司法大臣　木村篤太郎
内務大臣　大村清一

文部大臣 田中耕太郎
農林大臣 和田博雄
国務大臣 斎藤隆夫
逓信大臣 一松定吉
商工大臣 星島二郎
厚生大臣 河合良成
国務大臣 植原悦二郎
運輸大臣 平塚常次郎
大蔵大臣 石橋湛山
国務大臣 金森徳次郎
国務大臣 膳桂之助

日本国憲法

日本国民は、正当に選挙された国会における代表者を通じて行動し、われらとわれらの子孫のために、諸国民との協和《きょうわ》による成果《せいか》と、わが国全土にわたつて自由のもたらす恵沢《けいたく》を確保し、政府の行為によつて再び戦争の惨禍《さんか》が起ることのないやうにすることを決意し、ここに主権が国民に存《そん》することを宣言し、この憲法を確定する。そもそも国政は、国民の厳粛《げんしゅく》な信託《しんたく》によるものであつて、その権威は国民に由来し、その権力は国民の代表者がこれを行使し、その福利《ふくり》は国民がこれを享受《きょうじゅ》する。これは人類普遍の原理であり、この憲法は、かかる原理に基くものである。われらは、これに反する一切の憲法、法令及び詔勅《しょうちょく》を排除する。

日本国民は、恒久の平和を念願し、人間相互の関係を支配する崇高《すうこう》な理想を深く自覚するのであつて、平和を愛する諸国民の公正と信義に信頼して、われらの安全と生存を保持しようと決意した。われらは、平和を維持し、専制と隷従《れいじゅう》、圧迫と偏狭《へんきょう》を地上から永遠に除去しようと努めてゐる国際社会において、名誉ある地位を占めたいと思ふ。われらは、全世界の国民が、ひとしく恐怖と欠乏から免《まぬ》かれ、平和のうちに生存する権利を有することを確認する。

われらは、いづれの国家も、自国のことのみに専念して他国を無視してはならないのであつて、政治道徳の法則は、普遍的なものであり、この法則に従《したが》ふことは、自国の主権を維持し、他国と対等関係に立たうとする各国の責務《せきむ》であると信ずる。

日本国民は、国家の名誉にかけ、全力をあげてこの崇高な理想と目的を達成することを誓ふ。

第一章　天　皇

〔天皇の地位と国民主権〕

第一条　天皇は、日本国の象徴《しょうちょう》であり日本国民統合の象徴であつて、この地位は、主権の存《そん》する日本国民の総意に基く。

〔皇位の世襲〕

第二条　皇位《こうい》は、世襲のものであつて、国会の議決した皇室典範《こうしつてんぱん》の定めるところにより、これを継承する。

〔内閣の助言と承認及び責任〕

第三条　天皇の国事《こくじ》に関するすべての行為には、内閣の助言と承認を必要とし、内閣が、その責任を負《お》ふ。

〔天皇の権能と権能行使の委任〕

第四条　天皇は、この憲法の定める国事に関する行為のみを行ひ、国政に関する権能《けんのう》を有《ゆう》しない。

2　天皇は、法律の定めるところにより、その国事に関する行為を委任《いにん》することができる。

〔摂政〕

第五条　皇室典範の定めるところにより摂政《せっしょう》を置くときは、摂政は、天皇の名でその国事に関する行為を行ふ。この場合には、前条第一項の規定を準用する。

〔天皇の任命権〕

第六条　天皇は、国会の指名に基いて、内閣総理大臣を任命する。

２　天皇は、内閣の指名に基いて、最高裁判所の長たる裁判官を任命する。

〔天皇の国事行為〕

第七条　天皇は、内閣の助言と承認により、国民のために、左の国事に関する行為を行ふ。

一　憲法改正、法律、政令及び条約を公布すること。

二　国会を召集《しょうしゅう》すること。
三　衆議院を解散すること。
四　国会議員の総選挙の施行《しこう》を公示すること。
五　国務大臣及び法律の定めるその他の官吏《かんり》の任免並《なら》びに全権委任状及び大使及び公使の信任状を認証すること。
六　大赦《たいしゃ》、特赦《とくしゃ》、減刑、刑の執行の免除及び復権を認証すること。
七　栄典《えいてん》を授与すること。
八　批准書《ひじゅんしょ》及び法律の定めるその他の外交文書を認証すること。
九　外国の大使及び公使を接受《せつじゅ》すること。
十　儀式を行ふこと。

〔財産授受の制限〕

第八条　皇室に財産を譲《ゆず》り渡し、又は皇室が、財産を譲り受け、若《も》しくは賜与《しよ》することは、国会の議決に基かなければならない。

第二章　戦争の放棄

〔**戦争の放棄と戦力不保持及び交戦権の否認**〕

第九条　日本国民は、正義と秩序を基調《きちよう》とする国際平和を誠実に希求《ききゆう》し、国権《こつけん》の発動《はつどう》たる戦争と、武力による威嚇《いかく》又は武力の行使は、国際紛争を解決する手段としては、永久にこれを放棄する。

２　前項の目的を達するため、陸海空軍その他の戦力は、これを保持しない。国の交戦権は、これを認めない。

第三章　国民の権利及び義務

〔国民たる要件〕

第十条　日本国民たる要件《ようけん》は、法律でこれを定める。

〔基本的人権の永久性〕

第十一条　国民は、すべての基本的人権の享有《きょうゆう》を妨《さまた》げられない。この憲法が国民に保障する基本的人権は、侵《おか》すことのできない永久の権利として、現在及び将来の国民に与へられる。

〔自由及び権利の保持義務と公共の福祉〕

第十二条　この憲法が国民に保障する自由及び権利は、国民の不断《ふだん》の努力によつて、これを保持しなければならない。又、国民は、これを濫《らん》用《よう》してはならないのであつて、常に公共の福祉のためにこれを利用する責任を負ふ。

〔個人の尊重と幸福追求権〕

第十三条　すべて国民は、個人として尊重《そんちょう》される。生命、自由及び幸福追求に対する国民の権利については、公共の福祉に反しない限り、立法その他の国政の上で、最大の尊重を必要とする。

〔平等原則、貴族制度の否認及び栄典の限界〕

第十四条　すべて国民は、法の下に平等であつて、人種、信条《しんじょう》、性別、社会的身分又は門地《もんち》により、政治的、経済的又は社会的関係において、差別されない。

2 華族《かぞく》その他の貴族の制度は、これを認めない。

3 栄誉《えいよ》、勲章《くんしょう》その他の栄典《えいてん》の授与《じゅよ》は、いかなる特権も伴《ともな》はない。栄典の授与は、現にこれを有し、又は将来これを受ける者の一代に限り、その効力を有する。

〔公務員の選定罷免権、公務員の使命、普通選挙及び秘密投票の保障〕

第十五条 公務員を選定し、及びこれを罷免《ひめん》することは、国民固有の権利である。

2 すべて公務員は、全体の奉仕者であつて、一部の奉仕者ではない。

3 公務員の選挙については、成年者による普通選挙を保障する。

４　すべて選挙における投票の秘密は、これを侵してはならない。選挙人は、その選択に関し公的にも私的にも責任を問はれない。

〔請願権〕

第十六条　何人《なんぴと》も、損害の救済、公務員の罷免《ひめん》、法律、命令又は規則の制定、廃止又は改正その他の事項に関し、平穏《へいおん》に請願《せいがん》する権利を有し、何人も、かかる請願をしたためにいかなる差別待遇も受けない。

〔公務員の不法行為による損害の賠償〕

第十七条　何人も、公務員の不法行為により、損害を受けたときは、法律の定めるところにより、国又は公共団体に、その賠償を求めることができる。

〔奴隷的拘束及び苦役の禁止〕

第十八条　何人も、いかなる奴隷的拘束《どれいてきこうそく》も受けない。又、犯罪に因《よ》る処罰の場合を除いては、その意に反する苦役《くえき》に服《ふく》させられない。

〔思想及び良心の自由〕

第十九条　思想及び良心の自由は、これを侵してはならない。

〔信教の自由と政教分離〕

第二十条　信教の自由は、何人に対してもこれを保障する。いかなる宗教団体も、国から特権を受け、又は政治上の権力を行使してはならない。

２　何人も、宗教上の行為、祝典《しゅくてん》、儀式又は行事に参加することを強制されない。

３　国及びその機関は、宗教教育その他いかなる宗教的活動もしてはならない。

〔集会、結社及び表現の自由と通信の秘密〕

第二十一条　集会、結社及び言論、出版その他一切の表現の自由は、これを保障する。

２　検閲《けんえつ》は、これをしてはならない。通信の秘密は、これを侵してはならない。

〔居住、移転、職業選択、外国移住及び国籍離脱の自由〕

第二十二条　何人も、公共の福祉に反しない限り、居住、移転及び職業選択の自由を有する。

2　何人も、外国に移住し、又は国籍を離脱《りだつ》する自由を侵されない。

〔学問の自由〕

第二十三条　学問の自由は、これを保障する。

〔家族関係における個人の尊厳と両性の平等〕

第二十四条　婚姻《こんいん》は、両性の合意のみに基いて成立し、夫婦が同等の権利を有することを基本として、相互の協力により、維持されなければならない。

２　配偶者《はいぐうしゃ》の選択、財産権、相続、住居の選定、離婚並びに婚姻及び家族に関するその他の事項に関しては、法律は、個人の尊厳《そんげん》と両性の本質的平等に立脚して、制定されなければならない。

〔生存権及び国民生活の向上に努める国の責務〕

第二十五条　すべて国民は、健康で文化的な最低限度の生活を営む権利を有する。

２　国は、すべての生活部面について、社会福祉、社会保障及び公衆衛生の向上及び増進に努めなければならない。

〔教育を受ける権利と受けさせる義務〕

第二十六条　すべて国民は、法律の定めるところにより、その能力に応じて、ひとしく教育を受ける権利を有する。
2　すべて国民は、法律の定めるところにより、その保護する子女《しじょ》に普通教育を受けさせる義務を負ふ。義務教育は、これを無償とする。

〔勤労の権利と義務、勤労条件の基準及び児童酷使の禁止〕
第二十七条　すべて国民は、勤労《きんろう》の権利を有し、義務を負ふ。
2　賃金、就業時間、休息その他の勤労条件に関する基準は、法律でこれを定める。
3　児童は、これを酷使《こくし》してはならない。

〔勤労者の団結権及び団体行動権〕
第二十八条　勤労者の団結する権利及び団体交渉その他の団体行動をす

る権利は、これを保障する。

〔財産権〕

第二十九条　財産権は、これを侵してはならない。

2　財産権の内容は、公共の福祉に適合するやうに、法律でこれを定める。

3　私有財産は、正当な補償の下に、これを公共のために用ひることができる。

〔納税の義務〕

第三十条　国民は、法律の定めるところにより、納税の義務を負ふ。

〔法定手続の保障〕

第三十一条　何人も、法律の定める手続によらなければ、その生命若《も》しくは自由を奪はれ、又はその他の刑罰を科《か》せられない。

〔裁判を受ける権利〕

第三十二条　何人も、裁判所において裁判を受ける権利を奪はれない。

〔逮捕の制約〕

第三十三条　何人も、現行犯として逮捕される場合を除いては、権限を有する司法官憲《しほうかんけん》が発し、且《か》つ理由となつてゐる犯罪を明示する令状《れいじょう》によらなければ、逮捕されない。

〔抑留及び拘禁の制約〕

第三十四条　何人も、理由を直《ただ》ちに告《つ》げられ、且《か》つ、直ちに弁護人に依頼する権利を与へられなければ、抑留《よくりゅう》又は拘禁《こうきん》されない。又、何人も、正当な理由がなければ、拘禁されず、要求があれば、その理由は、直ちに本人及びその弁護人の出席する公開の法廷で示されなければならない。

〔侵入、捜索及び押収の制約〕

第三十五条　何人も、その住居、書類及び所持品について、侵入、捜索《そうさく》及び押収《おうしゅう》を受けることのない権利は、第三十三条の場合を除いては、正当な理由に基いて発せられ、且《か》つ捜索する場所及び押収する物を明示する令状がなければ、侵されない。

2　捜索又は押収は、権限を有する司法官憲が発する各別の令状により、これを行ふ。

〔拷問及び残虐な刑罰の禁止〕

第三十六条　公務員による拷問《ごうもん》及び残虐《ざんぎゃく》な刑罰は、絶対にこれを禁ずる。

〔刑事被告人の権利〕

第三十七条　すべて刑事事件においては、被告人は、公平な裁判所の迅《じん》速《そく》な公開裁判を受ける権利を有する。

2　刑事被告人は、すべての証人に対して審問《しんもん》する機会を充分に与へられ、又、公費で自己のために強制的手続により証人を求める権利を有する。

３　刑事被告人は、いかなる場合にも、資格を有する弁護人を依頼することができる。被告人が自《みずか》らこれを依頼することができないときは、国でこれを附《ふ》する。

〔不利益供述強要の禁止と自白の証拠能力の限界〕

第三十八条　何人も、自己に不利益な供述を強要されない。

２　強制、拷問若《も》しくは脅迫による自白又は不当に長く抑留《よくりゅう》若しくは拘《こう》禁《きん》された後の自白は、これを証拠とすることができない。

３　何人も、自己に不利益な唯一の証拠が本人の自白である場合には、有罪とされ、又は刑罰を科せられない。

〔遡及処罰、二重処罰等の禁止〕

第三十九条　何人も、実行の時に適法であつた行為又は既《すで》に無罪とされた行為については、刑事上の責任を問はれない。又、同一の犯罪について、重ねて刑事上の責任を問はれない。

〔刑事補償〕

第四十条　何人も、抑留又は拘禁された後、無罪の裁判を受けたときは、法律の定めるところにより、国にその補償《ほしょう》を求めることができる。

第四章　国　会

〔国会の地位と立法権〕

第四十一条　国会は、国権《こっけん》の最高機関であつて、国の唯一の立法機関である。

〔二院制〕

第四十二条　国会は、衆議院及び参議院の両議院でこれを構成する。

〔両議院の組織と国民の代表〕

第四十三条　両議院は、全国民を代表する選挙された議員でこれを組織する。

２　両議院の議員の定数は、法律でこれを定める。

〔議員及び選挙人の資格〕

第四十四条　両議院の議員及びその選挙人の資格は、法律でこれを定める。但し、人種、信条《しんじょう》、性別、社会的身分、門地《もんち》、教育、財産又は収入によつて差別してはならない。

〔衆議院議員の任期〕

第四十五条　衆議院議員の任期は、四年とする。但《ただ》し、衆議院解散の場合には、その期間満了前に終了する。

〔参議院議員の任期〕

第四十六条　参議院議員の任期は、六年とし、三年ごとに議員の半数を改選する。

〔選挙に関する事項の法定〕

第四十七条　選挙区、投票の方法その他両議院の議員の選挙に関する事項は、法律でこれを定める。

〔両議院議員の兼職禁止〕

第四十八条　何人も、同時に両議院の議員たることはできない。

〔議員の歳費〕

第四十九条　両議院の議員は、法律の定めるところにより、国庫《こっこ》から相当額の歳費《さいひ》を受ける。

〔議員の不逮捕特権〕
第五十条　両議院の議員は、法律の定める場合を除いては、国会の会期中逮捕されず、会期前に逮捕された議員は、その議院の要求があれば、会期中これを釈放しなければならない。

〔議員の発言表決の無答責〕
第五十一条　両議院の議員は、議院で行つた演説、討論又は表決《ひょうけつ》について、院外で責任を問はれない。

〔常会〕
第五十二条　国会の常会《じょうかい》は、毎年一回これを召集《しょうしゅう》する。

〔臨時会〕

第五十三条　内閣は、国会の臨時会の召集を決定することができる。いづれかの議院の総議員の四分の一以上の要求があれば、内閣は、その召集を決定しなければならない。

〔総選挙、特別会及び参議院の緊急集会〕

第五十四条　衆議院が解散されたときは、解散の日から四十日以内に、衆議院議員の総選挙を行ひ、その選挙の日から三十日以内に、国会を召集しなければならない。

２　衆議院が解散されたときは、参議院は、同時に閉会となる。但し、内閣は、国に緊急の必要があるときは、参議院の緊急集会を求めることができる。

3　前項但書《ただしがき》の緊急集会において採《と》られた措置《そち》は、臨時のものであつて、次の国会開会の後十日以内に、衆議院の同意がない場合には、その効力を失ふ。

〔資格争訟〕

第五十五条　両議院は、各〻《おのおの》その議員の資格に関する争訟を裁判する。但し、議員の議席を失はせるには、出席議員の三分の二以上の多数による議決を必要とする。

〔議事の定足数と過半数議決〕

第五十六条　両議院は、各〻その総議員の三分の一以上の出席がなければ、議事《ぎじ》を開き議決することができない。

2　両議院の議事は、この憲法に特別の定《さだめ》のある場合を除いては、出席議員の過半数でこれを決し、可否同数のときは、議長の決するところによる。

〔会議の公開と会議録〕

第五十七条　両議院の会議は、公開とする。但し、出席議員の三分の二以上の多数で議決したときは、秘密会を開くことができる。

2　両議院は、各〻その会議の記録を保存し、秘密会の記録の中で特に秘密を要すると認められるもの以外は、これを公表し、且《か》つ一般に頒《はん》布《ぷ》しなければならない。

3　出席議員の五分の一以上の要求があれば、各議員の表決は、これを会議録に記載しなければならない。

〔役員の選任及び議院の自律権〕

第五十八条 両議院は、各〻その議長その他の役員を選任する。

2 両議院は、各〻その会議その他の手続及び内部の規律に関する規則を定め、又、院内の秩序をみだした議員を懲罰《ちょうばつ》することができる。但《ただ》し、議員を除名するには、出席議員の三分の二以上の多数による議決を必要とする。

〔法律の成立〕

第五十九条 法律案は、この憲法に特別の定《さだめ》のある場合を除いては、両議院で可決したとき法律となる。

2 衆議院で可決し、参議院でこれと異《こと》なつた議決をした法律案は、衆議院で出席議員の三分の二以上の多数で再び可決したときは、法律となる。

3　前項の規定は、法律の定めるところにより、衆議院が、両議院の協議会を開くことを求めることを妨《さまた》げない。

4　参議院が、衆議院の可決した法律案を受け取つた後、国会休会中の期間を除いて六十日以内に、議決しないときは、衆議院は、参議院がその法律案を否決《ひけつ》したものとみなすことができる。

〔衆議院の予算先議権及び予算の議決〕

第六十条　予算は、さきに衆議院に提出しなければならない。

2　予算について、参議院で衆議院と異なつた議決をした場合に、法律の定めるところにより、両議院の協議会を開いても意見が一致しないとき、又は参議院が、衆議院の可決した予算を受け取った後、国会休会中の期間を除いて三十日以内に、議決しないときは、衆議院の議決を国会の議決とする。

〔条約締結の承認〕

第六十一条　条約の締結《ていけつ》に必要な国会の承認については、前条第二項の規定を準用する。

〔議院の国政調査権〕

第六十二条　両議院は、各〻国政に関する調査を行ひ、これに関して、証人の出頭及び証言並びに記録の提出を要求することができる。

〔国務大臣の出席〕

第六十三条　内閣総理大臣その他の国務大臣は、両議院の一に議席を有すると有しないとにかかはらず、何時でも議案について発言するため議院に出席することができる。又、答弁又は説明のため出席を求められたときは、出席しなければならない。

〔弾劾裁判所〕

第六十四条　国会は、罷免《ひめん》の訴追《そつい》を受けた裁判官を裁判するため、両議院の議員で組織する弾劾《だんがい》裁判所を設ける。

２　弾劾に関する事項は、法律でこれを定める。

第五章　内　閣

〔行政権の帰属〕

第六十五条　行政権は、内閣に属する。

〔内閣の組織と責任〕

第六十六条　内閣は、法律の定めるところにより、その首長《しゆちよう》たる内閣総理大臣及びその他の国務大臣でこれを組織する。

2　内閣総理大臣その他の国務大臣は、文民《ぶんみん》でなければならない。

3　内閣は、行政権の行使について、国会に対し連帯して責任を負ふ。

〔内閣総理大臣の指名〕

第六十七条　内閣総理大臣は、国会議員の中から国会の議決で、これを指名する。この指名は、他のすべての案件に先だつて、これを行ふ。

2　衆議院と参議院とが異なつた指名の議決をした場合に、法律の定めるところにより、両議院の協議会を開いても意見が一致しないとき、又は衆議院が指名の議決をした後、国会休会中の期間を除いて十日以内に、参議院が、指名の議決をしないときは、衆議院の議決を国会の議決とする。

〔国務大臣の任免〕

第六十八条　内閣総理大臣は、国務大臣を任命する。但《ただ》し、その過半数は、国会議員の中から選ばれなければならない。

2　内閣総理大臣は、任意に国務大臣を罷免《ひめん》することができる。

〔不信任決議と解散又は総辞職〕

第六十九条　内閣は、衆議院で不信任の決議案を可決し、又は信任の決議案を否決したときは、十日以内に衆議院が解散されない限り、総辞職をしなければならない。

〔内閣総理大臣の欠缺又は総選挙施行による総辞職〕

第七十条　内閣総理大臣が欠けたとき、又は衆議院議員総選挙の後に初めて国会の召集があつたときは、内閣は、総辞職をしなければならない。

〔総辞職後の職務続行〕

第七十一条　前二条の場合には、内閣は、あらたに内閣総理大臣が任命されるまで引き続きその職務を行ふ。

〔内閣総理大臣の職務権限〕

第七十二条　内閣総理大臣は、内閣を代表して議案を国会に提出し、一般国務《こくむ》及び外交関係について国会に報告し、並《なら》びに行政各部を指揮監督する。

〔内閣の職務権限〕

第七十三条　内閣は、他の一般行政事務の外《ほか》、左の事務を行ふ。

一　法律を誠実に執行《しっこう》し、国務を総理すること。

二　外交関係を処理すること。
三　条約を締結すること。但し、事前に、時宜《じぎ》によつては事後に、国会の承認を経ることを必要とする。
四　法律の定める基準に従ひ、官吏《かんり》に関する事務を掌理《しょうり》すること。
五　予算を作成して国会に提出すること。
六　この憲法及び法律の規定を実施するために、政令を制定すること。但し、政令には、特にその法律の委任がある場合を除いては、罰則を設けることができない。
七　大赦《たいしゃ》、特赦《とくしゃ》、減刑、刑の執行の免除及び復権を決定すること。

〔法律及び政令への署名と連署〕

第七十四条　法律及び政令には、すべて主任の国務大臣が署名し、内閣総理大臣が連署《れんしょ》することを必要とする。

〔国務大臣訴追の制約〕

第七十五条　国務大臣は、その在任中、内閣総理大臣の同意がなければ、訴追《そつい》されない。但し、これがため、訴追の権利は、害されない。

第六章　司　法

〔司法権の帰属と裁判官の職務上の独立〕

第七十六条　すべて司法権は、最高裁判所及び法律の定めるところにより設置する下級裁判所に属する。

２　特別裁判所は、これを設置することができない。行政機関は、終審《しゅうしん》として裁判を行ふことができない。

3　すべて裁判官は、その良心に従ひ独立してその職権を行ひ、この憲法及び法律にのみ拘束される。

〔最高裁判所の規則制定権〕

第七十七条　最高裁判所は、訴訟に関する手続、弁護士、裁判所の内部規律及び司法事務処理に関する事項について、規則を定める権限を有する。

2　検察官は、最高裁判所の定める規則に従はなければならない。

3　最高裁判所は、下級裁判所に関する規則を定める権限を、下級裁判所に委任することができる。

〔裁判官の身分の保障〕

第七十八条　裁判官は、裁判により、心身の故障のために職務を執《と》ることができないと決定された場合を除いては、公《おおやけ》の弾劾によらなければ罷免されない。裁判官の懲戒処分は、行政機関がこれを行ふことはできない。

〔最高裁判所の構成及び裁判官の国民審査〕

第七十九条　最高裁判所は、その長《ちょう》たる裁判官及び法律の定める員数のその他の裁判官でこれを構成し、その長たる裁判官以外の裁判官は、内閣でこれを任命する。

2　最高裁判所の裁判官の任命は、その任命後初めて行はれる衆議院議員総選挙の際国民の審査に付し、その後十年を経過した後初めて行はれる衆議院議員総選挙の際更《さら》に審査に付し、その後も同様とする。

3　前項の場合において、投票者の多数が裁判官の罷免を可《か》とするときは、その裁判官は、罷免される。

4　審査に関する事項は、法律でこれを定める。

5　最高裁判所の裁判官は、法律の定める年齢に達した時に退官する。

6　最高裁判所の裁判官は、すべて定期に相当額の報酬《ほうしゅう》を受ける。この報酬は、在任中、これを減額することができない。

〔下級裁判所裁判官の身分〕

第八十条　下級裁判所の裁判官は、最高裁判所の指名した者の名簿によつて、内閣でこれを任命する。その裁判官は、任期を十年とし、再任されることができる。但し、法律の定める年齢に達した時には退官する。

２　下級裁判所の裁判官は、すべて定期に相当額の報酬を受ける。この報酬は、在任中、これを減額することができない。

〔最高裁判所の違憲審査権〕

第八十一条　最高裁判所は、一切の法律、命令、規則又は処分が憲法に適合するかしないかを決定する権限を有する終審裁判所である。

〔対審及び判決の公開〕

第八十二条　裁判の対審《たいしん》及び判決は、公開法廷でこれを行ふ。

２　裁判所が、裁判官の全員一致で、公の秩序又は善良《ぜんりょう》の風俗《ふうぞく》を害する虞《おそれ》があると決した場合には、対審は、公開しないでこれを行ふことができる。但《ただ》し、政治犯罪、出版に関する犯罪又はこの憲法第三章で保障する国民の権利が問題となつてゐる事件の対審は、常にこれを公開しなければならない。

第七章　財　政

〔財政国会中心主義〕

第八十三条　国の財政を処理する権限は、国会の議決に基いて、これを行使しなければならない。

〔租税法律主義〕

第八十四条　あらたに租税を課し、又は現行の租税を変更するには、法律又は法律の定める条件によることを必要とする。

〔国費支出及び債務負担の要件〕
第八十五条　国費を支出し、又は国が債務《さいむ》を負担するには、国会の議決に基くことを必要とする。

〔予算案の作成〕
第八十六条　内閣は、毎会計年度の予算を作成し、国会に提出して、その審議を受け議決を経なければならない。

〔予備費〕
第八十七条　予見し難《がた》い予算の不足に充《あ》てるため、国会の議決に基いて予備費を設け、内閣の責任でこれを支出することができる。
2 すべて予備費の支出については、内閣は、事後に国会の承諾《しょうだく》を得なければならない。

〔皇室財産及び皇室費用〕

第八十八条 すべて皇室財産は、国に属する。すべて皇室の費用は、予算に計上して国会の議決を経なければならない。

〔公の財産の用途制限〕

第八十九条 公金その他の公《おおやけ》の財産は、宗教上の組織若《も》しくは団体の使用、便益《べんえき》若しくは維持のため、又は公の支配に属しない慈善《じぜん》、教育若しくは博愛《はくあい》の事業に対し、これを支出し、又はその利用に供《きょう》してはならない。

〔会計検査〕

第九十条　国の収入支出の決算は、すべて毎年会計検査院がこれを検査し、内閣は、次の年度に、その検査報告とともに、これを国会に提出しなければならない。

2　会計検査院の組織及び権限は、法律でこれを定める。

〔財政状況の報告〕

第九十一条　内閣は、国会及び国民に対し、定期に、少くとも毎年一回、国の財政状況について報告しなければならない。

第八章　地方自治

〔地方自治の本旨〕
第九十二条　地方公共団体の組織及び運営に関する事項は、地方自治の本旨《ほんし》に基いて、法律でこれを定める。

〔地方公共団体の機関〕
第九十三条　地方公共団体には、法律の定めるところにより、その議事機関として議会を設置する。

2　地方公共団体の長、その議会の議員及び法律の定めるその他の吏員《りいん》は、その地方公共団体の住民が、直接これを選挙する。

〔地方公共団体の権能〕

第九十四条　地方公共団体は、その財産を管理し、事務を処理し、及び行政を執行《しっこう》する権能《けんのう》を有し、法律の範囲内で条例を制定することができる。

〔一の地方公共団体のみに適用される特別法〕

第九十五条　一の地方公共団体のみに適用される特別法は、法律の定めるところにより、その地方公共団体の住民の投票においてその過半数の同意を得なければ、国会は、これを制定することができない。

第九章　改　正

〔憲法改正の発議、国民投票及び公布〕

第九十六条　この憲法の改正は、各議院の総議員の三分の二以上の賛成で、国会が、これを発議《はつぎ》し、国民に提案してその承認を経なければならない。この承認には、特別の国民投票又は国会の定める選挙の際行はれる投票において、その過半数の賛成を必要とする。

2　憲法改正について前項の承認を経たときは、天皇は、国民の名で、この憲法と一体を成すものとして、直《ただ》ちにこれを公布する。

第十章　最高法規

〔基本的人権の由来特質〕

第九十七条　この憲法が日本国民に保障する基本的人権は、人類の多年にわたる自由獲得の努力の成果であつて、これらの権利は、過去幾多《いくた》の試錬《しれん》に堪《た》へ、現在及び将来の国民に対し、侵《おか》すことのできない永久の権利として信託《しんたく》されたものである。

〔憲法の最高法規性と条約及び国際法規の遵守〕

第九十八条　この憲法は、国の最高法規であつて、その条規《じょうき》に反する法律、命令、詔勅《しょうちょく》及び国務に関するその他の行為の全部又は一部は、その効力を有しない。

2　日本国が締結した条約及び確立された国際法規は、これを誠実に遵《じゅん》守《しゅ》することを必要とする。

〔憲法尊重擁護の義務〕

第九十九条　天皇又は摂政《せっしょう》及び国務大臣、国会議員、裁判官その他の公務員は、この憲法を尊重し擁護する義務を負ふ。

第十一章　補　則

〔施行期日と施行前の準備行為〕

第百条　この憲法は、公布の日から起算して六箇月を経過した日から、これを施行《しこう》する。

2　この憲法を施行するために必要な法律の制定、参議院議員の選挙及び国会召集の手続並びにこの憲法を施行するために必要な準備手続は、前項の期日よりも前に、これを行ふことができる。

〔参議院成立前の国会〕

第百一条　この憲法施行の際、参議院がまだ成立してゐないときは、その成立するまでの間、衆議院は、国会としての権限を行ふ。

〔参議院議員の任期の経過的特例〕

第百二条　この憲法による第一期の参議院議員のうち、その半数の者の任期は、これを三年とする。その議員は、法律の定めるところにより、これを定める。

〔公務員の地位に関する経過規定〕

第百三条　この憲法施行の際現に在職する国務大臣、衆議院議員及び裁判官並びにその他の公務員で、その地位に相応する地位がこの憲法で認められてゐる者は、法律で特別の定《さだめ》をした場合を除いては、この憲法施行のため、当然にはその地位を失ふことはない。但し、この憲法によつて、後任者が選挙又は任命されたときは、当然その地位を失ふ。

大日本帝国憲法

一八八九年二月一一日公布
一八九〇年一一月二九日施行

憲法発布勅語

朕《ちん》国家ノ隆昌《りゅうしょう》ト臣民ノ慶福《けいふく》トヲ以《もっ》テ中心ノ欣栄《きんえい》トシ朕カ祖宗《そそう》ニ承《う》クルノ大権ニ依《よ》リ現在及《および》将来ノ臣民ニ対シ此《こ》ノ不磨《ふま》ノ大典ヲ宣布《せんぷ》ス

惟《おも》フニ我カ祖我カ宗ハ我カ臣民祖先ノ協力輔翼《ほよく》ニ倚《よ》リ我カ帝国ヲ肇造《ちょうぞう》シ以テ無窮《むきゅう》ニ垂《た》レタリ此レ我カ神聖ナル祖宗ノ威徳《いとく》ト並《ならび》ニ臣民ノ忠実勇武ニシテ国ヲ愛シ公

ニ殉《したが》ヒ以テ此ノ光輝《こうき》アル国史ノ成跡《せいせき》ヲ貽《のこ》シタルナリ朕我カ臣民ハ即チ祖宗ノ忠良ナル臣民ノ子孫ナルヲ回想シ其ノ朕カ意ヲ奉体《ほうたい》シ朕カ事ヲ奨順《しょうじゅん》シ相与《あいとも》ニ和衷《わちゅう》協同シ益々《ますます》我カ帝国ノ光栄ヲ中外ニ宣揚《せんよう》シ祖宗ノ遺業ヲ永久ニ鞏固《きょうこ》ナラシムルノ希望ヲ同クシ此ノ負担ヲ分《わか》ツニ堪《た》フルコトヲ疑ハサルナリ

朕祖宗ノ遺烈《いれつ》ヲ承《う》ケ万世一系《ばんせいいっけい》ノ帝位ヲ践《ふ》ミ朕カ親愛スル所ノ臣民ハ即チ朕カ祖宗ノ恵撫《けいぶ》慈養《じよう》シタマヒシ所ノ臣民ナルヲ念《おも》ヒ其《そ》ノ康福《こうふく》ヲ増進シ其ノ懿徳良能《いとくりょうのう》ヲ発達セシメムコトヲ願ヒ又其ノ翼賛《よくさん》ニ依《よ》リ与《とも》ニ倶《とも》ニ国家ノ進運ヲ扶持《ふじ》セムコトヲ望ミ乃《すなわ》チ明治十四年十月十二日ノ詔命《しょうめい》ヲ履践《りせん》シ茲《ここ》ニ大憲ヲ制定シ朕カ率由《そつゆう》スル所ヲ示シ朕カ後嗣《こうし》及臣民及臣民ノ子孫タル者ヲシテ永遠ニ循行《じゅんこう》スル所ヲ知ラシム

国家統治ノ大権ハ朕カ之《これ》ヲ祖宗ニ承ケテ之ヲ子孫ニ伝フル所ナリ朕及朕カ子孫ハ将来此ノ憲法ノ条章ニ循《したが》ヒ之ヲ行フコトヲ愆《あやま》ラサルヘシ

朕ハ我カ臣民ノ権利及財産ノ安全ヲ貴重シ及之ヲ保護シ此ノ憲法及法律ノ範囲内ニ於《おい》テ其ノ享有《きょうゆう》ヲ完全ナラシムヘキコトヲ宣言ス

帝国議会ハ明治二十三年ヲ以テ之ヲ召集シ議会開会ノ時ヲ以テ此ノ憲法ヲシテ有効ナラシムルノ期トスヘシ
将来若此《もし》ノ憲法ノ或《あ》ル条章ヲ改定スルノ必要ナル時宜《じぎ》ヲ見ルニ至ラハ朕及朕カ継統ノ子孫ハ発議ノ権ヲ執《と》リ之ヲ議会ニ付シ議会ハ此ノ憲法ニ定メタル要件ニ依リ之ヲ議決スルノ外《ほか》朕カ子孫及臣民ハ敢《あえ》テ之カ紛更《ふんこう》ヲ試ミルコトヲ得サルヘシ
朕カ在廷《ざいてい》ノ大臣ハ朕カ為《ため》ニ此ノ憲法ヲ施行スルノ責ニ任スヘク朕カ現在及将来ノ臣民ハ此ノ憲法ニ対シ永遠ニ従順ノ義務ヲ負フヘシ

御《ぎょ》名《めい》御《ぎょ》璽《じ》

明治二十二年二月十一日

内閣総理大臣　伯爵　黒田清隆
枢密院議長　伯爵　伊藤博文
外務大臣　伯爵　大隈重信

海軍大臣　伯爵　西郷従道
農商務大臣　伯爵　井上　馨
司法大臣　伯爵　山田顕義
大蔵大臣
兼内務大臣　伯爵　松方正義
陸軍大臣　伯爵　大山　巌
文部大臣　子爵　森　有礼
逓信大臣　子爵　榎本武揚

大日本帝国憲法

第一章　天　皇

第一条　大日本帝国ハ万世一系ノ天皇之《これ》ヲ統治ス

第二条　皇位ハ皇室典範ノ定ムル所ニ依《よ》リ皇男子孫《こうだんしそん》之ヲ継承ス

第三条　天皇ハ神聖ニシテ侵《おか》スヘカラス

第四条　天皇ハ国ノ元首ニシテ統治権ヲ総攬《そうらん》シ此ノ憲法ノ条規ニ依リ之ヲ行フ

第五条　天皇ハ帝国議会ノ協賛ヲ以テ立法権ヲ行フ

第六条　天皇ハ法律ヲ裁可《さいか》シ其ノ公布及執行ヲ命ス

第七条　天皇ハ帝国議会ヲ召集シ其ノ開会閉会停会及衆議院ノ解散ヲ命ス

第八条　天皇ハ公共ノ安全ヲ保持シ又ハ其ノ災厄《さいやく》ヲ避クル為《ため》緊急ノ必要ニ由《よ》リ帝国議会閉会ノ場合ニ於《おい》テ法律ニ代ルヘキ勅令ヲ発ス

2　此《こ》ノ勅令ハ次ノ会期ニ於テ帝国議会ニ提出スヘシ若《も》シ議会ニ於テ承諾セサルトキハ政府ハ将来ニ向テ其ノ効力ヲ失フコトヲ公布スヘシ

第九条　天皇ハ法律ヲ執行スル為ニ又ハ公共ノ安寧《あんねい》秩序ヲ保持シ及臣民ノ幸福ヲ増進スル為ニ必要ナル命令ヲ発シ又ハ発セシム但《ただ》シ命令ヲ以テ法律ヲ変更スルコトヲ得ス

第十条　天皇ハ行政各部ノ官制及文武官ノ俸給《ほうきゅう》ヲ定メ及文武官ヲ任免ス但シ此ノ憲法又ハ他ノ法律ニ特例ヲ掲ケタルモノハ各〻其ノ条項ニ依ル

第十一条　天皇ハ陸海軍ヲ統帥《とうすい》ス

第十二条　天皇ハ陸海軍ノ編制及常備兵額ヲ定《さだ》ム

第十三条　天皇ハ戦ヲ宣《せん》シ和ヲ講《こう》シ及諸般ノ条約ヲ締結ス

第十四条　天皇ハ戒厳《かいげん》ヲ宣告ス

2　戒厳ノ要件及効力ハ法律ヲ以テ之ヲ定ム

第十五条　天皇ハ爵位勲章《しゃくいくんしょう》及其ノ他ノ栄典《えいてん》ヲ授与ス

第十六条　天皇ハ大赦特赦《たいしゃとくしゃ》減刑及復権ヲ命ス

第十七条　摂政《せっしょう》ヲ置クハ皇室典範《こうしつてんぱん》ノ定ムル所ニ依《よ》ル

2　摂政ハ天皇ノ名ニ於テ大権ヲ行フ

第二章　臣民権利義務

第十八条　日本臣民タルノ要件ハ法律ノ定ムル所ニ依ル

第十九条　日本臣民ハ法律命令ノ定ムル所ノ資格ニ応シ均《ひとし》ク文武官ニ任セラレ及

其ノ他ノ公務ニ就クコトヲ得《う》

第二十条　日本臣民ハ法律ノ定ムル所ニ従ヒ兵役ノ義務ヲ有ス

第二十一条　日本臣民ハ法律ノ定ムル所ニ従ヒ納税ノ義務ヲ有ス

第二十二条　日本臣民ハ法律ノ範囲内ニ於テ居住及移転ノ自由ヲ有ス

第二十三条　日本臣民ハ法律ニ依ルニ非スシテ逮捕監禁審問処罰ヲ受クルコトナシ

第二十四条　日本臣民ハ法律ニ定メタル裁判官ノ裁判ヲ受クルノ権ヲ奪ハルヽコトナシ

第二十五条　日本臣民ハ法律ニ定メタル場合ヲ除ク外《ほか》其ノ許諾ナクシテ住所ニ侵入セラレ及捜索セラルヽコトナシ

第二十六条　日本臣民ハ法律ニ定メタル場合ヲ除ク外《ほか》信書ノ秘密ヲ侵サルヽコトナシ

第二十七条　日本臣民ハ其ノ所有権ヲ侵サルヽコトナシ

2　公益ノ為必要ナル処分ハ法律ノ定ムル所ニ依ル

第二十八条　日本臣民ハ安寧秩序ヲ妨《さまた》ケス及臣民タルノ義務ニ背《そむ》カサル限《かぎり》ニ於《おい》テ信教ノ自由ヲ有ス

第二十九条　日本臣民ハ法律ノ範囲内ニ於テ言論著作印行《いんこう》集会及結社ノ自由ヲ有ス

第三十条　日本臣民ハ相当ノ敬礼ヲ守リ別ニ定ムル所ノ規程ニ従ヒ請願ヲ為スコトヲ得

第三十一条　本章ニ掲ケタル条規ハ戦時又ハ国家事変ノ場合ニ於テ天皇大権ノ施行ヲ妨クルコトナシ

第三十二条　本章ニ掲ケタル条規ハ陸海軍ノ法令又ハ紀律《きりつ》ニ牴触《ていしょく》セサルモノニ限リ軍人ニ準行ス

第三章　帝国議会

第三十三条　帝国議会ハ貴族院衆議院ノ両院ヲ以テ成立ス

第三十四条　貴族院ハ貴族院令ノ定ムル所ニ依リ皇族華族及勅任《ちょくにん》セラレタル議員ヲ以テ組織ス

第三十五条　衆議院ハ選挙法ノ定ムル所ニ依リ公選セラレタル議員ヲ以テ組織ス

第三十六条　何人モ同時ニ両議院ノ議員タルコトヲ得ス

第三十七条　凡《すべ》テ法律ハ帝国議会ノ協賛ヲ経ルヲ要ス

第三十八条　両議院ハ政府ノ提出スル法律案ヲ議決シ及各〻法律案ヲ提出スルコトヲ得

第三十九条　両議院ノ一ニ於テ否決シタル法律案ハ同会期中ニ於テ再ヒ提出スルコトヲ得ス

第四十条　両議院ハ法律又ハ其ノ他ノ事件ニ付各〻其ノ意見ヲ政府ニ建議スルコトヲ得但シ其ノ採納《さいのう》ヲ得サルモノハ同会期中ニ於テ再ヒ建議スルコトヲ得ス

第四十一条　帝国議会ハ毎年之ヲ召集ス

第四十二条　帝国議会ハ三箇月ヲ以テ会期トス必要アル場合ニ於テハ勅命ヲ以テ之ヲ延長スルコトアルヘシ

第四十三条 臨時緊急ノ必要アル場合ニ於テ常会ノ外《ほか》臨時会ヲ召集スヘシ

2 臨時会ノ会期ヲ定ムルハ勅命ニ依ル

第四十四条 帝国議会ノ開会閉会会期ノ延長及停会ハ両院同時ニ之ヲ行フヘシ

2 衆議院解散ヲ命セラレタルトキハ貴族院ハ同時ニ停会セラルヘシ

第四十五条 衆議院解散ヲ命セラレタルトキハ勅命ヲ以テ新ニ議員ヲ選挙セシメ解散ノ日ヨリ五箇月以内ニ之ヲ召集スヘシ

第四十六条 両議院ハ各〻其ノ総議員三分ノ一以上出席スルニ非《あら》サレハ議事ヲ開キ議決ヲ為《な》スコトヲ得ス

第四十七条 両議院ノ議事ハ過半数ヲ以テ決ス可否同数ナルトキハ議長ノ決スル所ニ依ル

第四十八条 両議院ノ会議ハ公開ス但シ政府ノ要求又ハ其ノ院ノ決議ニ依リ秘密会ト為スコトヲ得

第四十九条 両議院ハ各〻天皇ニ上奏スルコトヲ得

第五十条 両議院ハ臣民ヨリ呈出スル請願書ヲ受クルコトヲ得

第五十一条　両議院ハ此ノ憲法及議院法ニ掲クルモノ、外《ほか》内部ノ整理ニ必要ナル諸規則ヲ定ムルコトヲ得

第五十二条　両議院ノ議員ハ議院ニ於テ発言シタル意見及表決《ひょうけつ》ニ付《つき》院外ニ於テ責ヲ負フコトナシ但シ議員自ラ其ノ言論ヲ演説刊行筆記又ハ其ノ他ノ方法ヲ以テ公布シタルトキハ一般ノ法律ニ依リ処分セラルヘシ

第五十三条　両議院ノ議員ハ現行犯罪又ハ内乱外患ニ関ル罪ヲ除ク外《ほか》会期中其ノ院ノ許諾ナクシテ逮捕セラル、コトナシ

第五十四条　国務大臣及政府委員ハ何時タリトモ各議院ニ出席シ及発言スルコトヲ得

第四章　国務大臣及枢密顧問

第五十五条　国務各大臣ハ天皇ヲ輔弼《ほひつ》シ其ノ責ニ任ス

2　凡《すべ》テ法律勅令其ノ他国務ニ関ル詔勅《しょうちょく》ハ国務大臣ノ副署《ふくしょ》ヲ要ス

第五十六条　枢密顧問《すうみつこもん》ハ枢密院官制ノ定ムル所ニ依リ天皇ノ諮詢《しじゅん》ニ応ヘ重要ノ国務ヲ審議ス

第五章　司　法

第五十七条　司法権ハ天皇ノ名ニ於テ法律ニ依リ裁判所之ヲ行フ
2　裁判所ノ構成ハ法律ヲ以テ之ヲ定ム

第五十八条　裁判官ハ法律ニ定メタル資格ヲ具《そな》フル者ヲ以テ之ニ任ス
2　裁判官ハ刑法ノ宣告又ハ懲戒ノ処分ニ由《よ》ルノ外《ほか》其ノ職ヲ免セラルヽコトナシ
3　懲戒ノ条規ハ法律ヲ以テ之ヲ定ム

第五十九条　裁判ノ対審判決《たいしんはんけつ》ハ之ヲ公開ス但シ安寧秩序又ハ風俗ヲ害スルノ虞《おそれ》アルトキハ法律ニ依リ又ハ裁判所ノ決議ヲ以テ対審ノ公開ヲ停ムルコトヲ得

第六十条　特別裁判所ノ管轄ニ属スヘキモノハ別ニ法律ヲ以テ之ヲ定ム

第六十一条　行政官庁ノ違法処分ニ由リ権利ヲ傷害セラレタリトスルノ訴訟ニシ

テ別ニ法律ヲ以テ定メタル行政裁判所ノ裁判ニ属スヘキモノハ司法裁判所ニ於テ受理スルノ限ニ在《あ》ラス

第六章　会　計

第六十二条　新《あらた》ニ租税ヲ課シ及税率ヲ変更スルハ法律ヲ以テ之ヲ定ムヘシ

2　但シ報償《ほうしょう》ニ属スル行政上ノ手数料及其ノ他ノ収納金ハ前項ノ限ニ在ラス

3　国債ヲ起シ及予算ニ定メタルモノヲ除ク外《ほか》国庫ノ負担トナルヘキ契約ヲ為スハ帝国議会ノ協賛ヲ経《ふ》ヘシ

第六十三条　現行ノ租税ハ更《さら》ニ法律ヲ以テ之ヲ改メサル限ハ旧ニ依リ之ヲ徴収ス

第六十四条　国家ノ歳出歳入ハ毎年予算ヲ以テ帝国議会ノ協賛ヲ経ヘシ

2　予算ノ款項ニ超過シ又ハ予算ノ外《ほか》ニ生シタル支出アルトキハ後日帝国議会ノ承諾ヲ求ムルヲ要ス

第六十五条　予算ハ前ニ衆議院ニ提出スヘシ

第六十六条　皇室経費ハ現在ノ定額ニ依リ毎年国庫ヨリ之ヲ支出シ将来増額ヲ要スル場合ヲ除ク外《ほか》帝国議会ノ協賛ヲ要セス

第六十七条　憲法上ノ大権ニ基ツケル既定ノ歳出及法律ノ結果ニ由《よ》リ又ハ法律上政府ノ義務ニ属スル歳出ハ政府ノ同意ナクシテ帝国議会之ヲ廃除シ又ハ削減スルコトヲ得ス

第六十八条　特別ノ須要《しゅよう》ニ因リ政府ハ予メ年限ヲ定メ継続費トシテ帝国議会ノ協賛ヲ求ムルコトヲ得

第六十九条　避クヘカラサル予算ノ不足ヲ補フ為ニ又ハ予算ノ外ニ生シタル必要ノ費用ニ充《あ》ツル為ニ予備費ヲ設クヘシ

第七十条　公共ノ安全ヲ保持スル為緊急ノ需用アル場合ニ於テ内外ノ情形ニ因リ政府ハ帝国議会ヲ召集スルコト能《あた》ハサルトキハ勅令ニ依リ財政上必要ノ処分ヲ為スコトヲ得

2　前項ノ場合ニ於テハ次ノ会期ニ於テ帝国議会ニ提出シ其ノ承諾ヲ求ムルヲ要ス

第七十一条　帝国議会ニ於テ予算ヲ議定セス又ハ予算成立ニ至ラサルトキハ政府ハ前年度ノ予算ヲ施行スヘシ

第七十二条　国家ノ歳出歳入ノ決算ハ会計検査院之ヲ検査確定シ政府ハ其ノ検査報告ト倶《とも》ニ之ヲ帝国議会ニ提出スヘシ

2　会計検査院ノ組織及職権ハ法律ヲ以テ之ヲ定ム

第七章　補　則

第七十三条　将来此ノ憲法ノ条項ヲ改正スルノ必要アルトキハ勅命ヲ以テ議案ヲ帝国議会ノ議ニ付スヘシ

2　此ノ場合ニ於テ両議院ハ各〻其ノ総員三分ノ二以上出席スルニ非サレハ議事ヲ開クコトヲ得ス出席議員三分ノ二以上ノ多数ヲ得ルニ非サレハ改正ノ議決ヲ為スコトヲ得ス

第七十四条　皇室典範ノ改正ハ帝国議会ノ議ヲ経ルヲ要セス

2　皇室典範ヲ以テ此ノ憲法ノ条規ヲ変更スルコトヲ得ス

第七十五条　憲法及皇室典範ハ摂政ヲ置クノ間之ヲ変更スルコトヲ得ス

第七十六条　法律規則命令又ハ何等《なんら》ノ名称ヲ用ヰタルニ拘《かかわ》ラス此ノ憲法ニ矛盾セサル現行ノ法令ハ総テ遵由《じゅんゆう》ノ効力ヲ有ス

2　歳出上政府ノ義務ニ係ル現在ノ契約又ハ命令ハ総テ第六十七条ノ例ニ依ル

パリ不戦条約（戦争抛棄ニ関スル条約）

一九二八年八月二七日署名
一九二九年七月二四日効力発生

独逸《ドイツ》国大統領、亜米利加《アメリカ》合衆国大統領、白耳義《ベルギー》国皇帝陛下、仏蘭西《フランス》共和国大統領、「グレート、ブリテン」「アイルランド」及「グレート、ブリテン」海外領土皇帝印度《インド》皇帝陛下、伊太利《イタリー》国皇帝陛下、日本国皇帝陛下、波蘭《ポーランド》共和国大統領、「チェッコスロヴァキア」共和国大統領ハ

人類ノ福祉ヲ増進スベキ其《そ》ノ厳粛ナル責務ヲ深ク感銘シ

其ノ人民間ニ現存スル平和及友好ノ関係ヲ永久ナラシメンガ為《ため》国家ノ政策ノ手段

トシテノ戦争ヲ卒直ニ抛棄《ほうき》スベキ時機ノ到来セルコトヲ確信シ
其ノ相互関係ニ於ケル一切ノ変更ハ平和的手段ニ依《よ》リテノミ之ヲ求ムベク又平和的ニシテ秩序アル手続ノ結果タルベキコト及今後戦争ニ訴ヘテ国家ノ利益ヲ増進セントスル署名国ハ本条約ノ供与スル利益ヲ拒否セラルベキモノナルコトヲ確信シ
其ノ範例《はんれい》ニ促サレ世界ノ他ノ一切ノ国ガ此ノ人道的努力ニ参加シ且《かつ》本条約ノ実施後速ニ之ニ加入スルコトニ依リテ其ノ人民ヲシテ本条約ノ規定スル恩沢《おんたく》ニ浴セシメ、以テ国家ノ政策ノ手段トシテノ戦争ノ共同抛棄ニ世界ノ文明諸国ヲ結合センコトヲ希望シ
茲《ここ》ニ条約ヲ締結スルコトニ決シ之ガ為《ため》左ノ如《ごと》ク其ノ全権委員ヲ任命セリ
〔全権委員名略〕
因《よっ》テ各全権委員ハ互ニ其ノ全権委任状ヲ示シ之ガ良好妥当ナルヲ認メタル後《のち》左ノ諸条ヲ協定セリ

第一条　締約国ハ国際紛争解決ノ為戦争ニ訴フルコトヲ非トシ且《かつ》其《そ》ノ相互関係ニ於テ国家ノ政策ノ手段トシテノ戦争ヲ抛棄スルコトヲ其ノ各自ノ人民ノ名ニ於テ厳粛ニ宣言ス

第二条　締約国ハ相互間ニ起ルコトアルベキ一切ノ紛争又ハ紛議《ふんぎ》ハ其ノ性質又ハ起因ノ如何《いかん》ヲ問ハズ平和的手段ニ依ルノ外《ほか》之ガ処理又ハ解決ヲ求メザルコトヲ約ス

第三条　本条約ハ前文ニ掲ゲラルル締約国ニ依リ其ノ各自ノ憲法上ノ要件ニ従ヒ批准セラルベク且各国ノ批准書ガ総《すべ》テ「ワシントン」ニ於テ寄託セラレタル後直ニ締約国間ニ実施セラルベシ

本条約ハ前項ニ定ムル所ニ依リ実施セラレタルトキハ世界ノ他ノ一切ノ国ノ加入ノ為必要ナル間開キ置カルベシ一国ノ加入ヲ証スル各文書ハ「ワシントン」ニ於

テ寄託セラルベク本条約ハ右寄託ノ時ヨリ直ニ該加入国ト本条約ノ他ノ当事国トノ間ニ実施セラルベシ

亜米利加合衆国政府ハ前文ニ掲ゲラルル各国政府及爾後本条約ニ加入スル各国政府ニ対シ本条約及一切ノ批准書又ハ加入書ノ認証謄本ヲ交付スルノ義務ヲ有ス亜米利加合衆国政府ハ各批准書又ハ加入書ガ同国政府ニ寄託アリタルトキハ直ニ右諸国政府ニ電報ヲ以テ通告スルノ義務ヲ有ス

右証拠トシテ各全権委員ハ仏蘭西《フランス》語及英吉利《イギリス》語ヲ以テ作成セラレ両本文共ニ同等ノ効力ヲ有スル本条約ニ署名調印セリ

千九百二十八年八月二十七日巴里《パリ》ニ於テ作成ス

〔署名略〕

宣　言

帝国政府ハ千九百二十八年八月二十七日巴里ニ於テ署名セラレタル戦争抛棄ニ関

スル条約第一条中ノ「其ノ各自ノ人民ノ名ニ於テ」ナル字句ハ帝国憲法ノ条章ヨリ観テ日本国ニ限リ適用ナキモノト了解スルコトヲ宣言ス

昭和四年六月二十七日

ポツダム宣言

一九四五年七月二六日発表

千九百四十五年七月二十六日

米、英、支三国宣言

(千九百四十五年七月二十六日「ポツダム」に於て)

一　吾等《われら》合衆国大統領、中華民国政府主席及《および》「グレート、ブリテン」国総理大臣は、吾等の数億の国民を代表し、協議の上、日本国に対し今次の戦争を終結するの機会を与ふることに意見一致せり。

二　合衆国、英帝国及中華民国の巨大なる陸、海、空軍は、西方より自国の陸軍及空軍に依る数倍の増強を受け、日本国に対し最後的打撃を加ふるの態勢を整へたり。右軍事力は日本国が抵抗を終止するに至る迄《まで》、同国に対し戦争を遂行するの一切の聯合国の決意に依り支持せられ、且《かつ》鼓舞せられ居《お》るものなり。

三　蹶起《けっき》せる世界の自由なる人民の力に対する「ドイツ」国の無益且無意義なる抵抗の結果は、日本国国民に対する先例を極めて明白に示すものなり。現在日本国に対し集結しつつある力は、抵抗する「ナチス」に対し適用せられたる場合に於て全「ドイツ」国人民の土地、産業及生活様式を必然的に荒廃に帰せしめたる力に比し、測り知れざる程更に強大なるものなり。吾等の決意に支持せらるる吾等の軍事力の最高度の使用は、日本国軍隊の不可避且完全なる壊滅を意味すべく、又同様必然的に日本国本土の完全なる破壊を意味すべし。

四　無分別なる打算に依り日本帝国を滅亡の淵《ふち》に陥れたる我儘《わがまま》なる軍国主義的助言者に依り日本国が引続き統御せらるべきか、又は理性の経路《けいろ》を日本国が履《ふ》むべきかを日本国が決定すべき時期は到来せり。

五　吾等の条件は左の如し。

吾等は右条件より離脱することなかるべし。右に代る条件存在せず。吾等は遅延を認むるを得ず。

六　吾等は無責任なる軍国主義が世界より駆逐せらるるに至る迄は、平和、安全及正義の新秩序が生じ得ざることを主張するものなるを以て、日本国国民を欺《ぎ》瞞《まん》し之をして世界征服の挙に出づるの過誤を犯さしめたる者の権力及勢力は永久に除去せられざるべからず。

七　右の如き新秩序が建設せられ、且日本国の戦争遂行能力が破砕せられたることの確証あるに至る迄は、聯合国の指定すべき日本国領域内の諸地点は吾等の茲《ここ》に指示する基本的目的の達成を確保する為《ため》占領せらるべし。

八　「カイロ」宣言の条項は履行せらるべく、又日本国の主権は本州、北海道、九州及四国並に吾等の決定する諸小島に局限せらるべし。

九　日本国軍隊は完全に武装を解除せられたる後、各自の家庭に復帰し、平和的且生産的の生活を営むの機会を得しめらるべし。

十　吾等は日本人を民族として奴隷化せんとし、又は国民として滅亡せしめんとするの意図を有するものに非ざるも、吾等の俘虜《ふりょ》を虐待せる者を含む一切の戦争犯罪人に対しては厳重なる処罰を加へらるべし。日本国政府は日本国国民の間に於ける民主主義的傾向の復活強化に対する一切の障礙《しょうがい》を除去すべし。言論、宗教及思想の自由並に基本的人権の尊重は確立せらるべし。

十一　日本国は其の経済を支持し、且公正なる実物賠償の取立を可能ならしむるが如き産業を維持することを許さるべし。但し日本国をして戦争の為再軍備を為すことを得しむるが如き産業は此《こ》の限《かぎり》に在らず。右目的の為原料の入手（其の支配とは之を区別す）を許可さるべし。日本国は将来世界貿易関係への参加を許さるべし。

十二　前記諸目的が達成せられ、且日本国国民の自由に表明せる意思に従ひ平和的傾向を有し、且責任ある政府が樹立せらるるに於ては聯合国の占領軍は直に日本国より撤収せらるべし。

十三　吾等は日本国政府が直に全日本国軍隊の無条件降伏を宣言し、且右行動に於ける同政府の誠意に付適当且充分なる保障を提供せんことを同政府に対し要求す。右以外の日本国の選択は迅速且完全なる壊滅あるのみとす。

降伏文書

一九四五年九月二日署名

下名《かめい》は茲《ここ》に、合衆国、中華民国及「グレート、ブリテン」国の政府の首班が千九百四十五年七月二十六日「ポツダム」に於て発し後に「ソヴィエト」社会主義共和国聯邦が参加したる宣言の条項を、日本国天皇、日本国政府及日本帝国大本営の命に依《よ》り且之《かつこれ》に代り受諾す。右四国は以下之を聯合国と称す。

下名は茲に、日本帝国大本営並《ならび》に何《いず》れの位置に在《あ》るを問はず一切の日本国軍隊及日本国の支配下に在る一切の軍隊の聯合国に対する無条件降伏を布告す。

下名は茲に、何れの位置に在るを問はず一切の日本国軍隊及日本国臣民に対し、敵対行為を直に終止すること、一切の船舶、航空機並に軍用及非軍用財産を保存し、之が毀損《きそん》を防止すること、及聯合国最高司令官又は其《そ》の指示に基き日本国政府の諸機関の課すべき一切の要求に応ずることを命ず。

下名は玆に、日本帝国大本営が何れの位置に在るを問はず一切の日本国軍隊及日本国の支配下に在る一切の軍隊の指揮官に対し、自身及其の支配下に在る一切の軍隊が無条件に降伏すべき旨の命令を直に発することを命ず。

下名は玆に、一切の官庁、陸軍及海軍の職員に対し、聯合国最高司令官が本降伏実施の為《ため》適当なりと認めて自ら発し、又は其の委任に基き発せしむる一切の布告、命令及指示を遵守し、且之を施行すべきことを命じ、並に右職員が聯合国最高司令官に依り、又は其の委任に基き、特に任務を解かれざる限り、各自の地位に留り、且引続き各自の非戦闘的任務を行ふことを命ず。

下名は玆に、「ポツダム」宣言の条項を誠実に履行すること、並に右宣言を実施する為聯合国最高司令官又は其の他特定の聯合国代表者が要求することあるべき一切の命令を発し、且斯《かか》る一切の措置を執ることを天皇、日本国政府及其の後継者の為に約す。

下名は玆に、日本帝国政府及日本帝国大本営に対し、現に日本国の支配下に在る一切の聯合国俘虜《ふりよ》及被抑留者を直に解放すること、並に其の保護、手当、給養及指示せられたる場所への即時輸送の為の措置を執ることを命ず。

天皇及日本国政府の国家統治の権限は、本降伏条項を実施する為適当と認むる措置を執る聯合国最高司令官の制限の下に置かるるものとす。

千九百四十五年九月二日午前九時四分、日本国東京湾上に於て署名す

大日本帝国天皇陛下及日本国政府の命に依り且其の名に於て

重光　葵

日本帝国大本営の命に依り且其の名に於て

梅津美治郎

千九百四十五年九月二日午前九時八分、東京湾上に於て合衆国、中華民国、聯合

王国及「ソヴィエト」社会主義共和国聯邦の為に並に日本国と戦争状態に在る他の聯合諸国家の利益の為に受諾す

聯合国最高司令官
　　ダグラス、マックアーサー
合衆国代表者
　　シー、ダブリュー、ニミッツ
中華民国代表者
　　徐　永　昌
聯合王国代表者
　　ブルース、フレーザー
「ソヴィエト」社会主義共和国聯邦代表者
　　クズマ、エヌ、ヂェレヴィヤンコ
「オーストラリア」聯邦代表者
　　ティー、ユー、ブレーミー

「カナダ」代表者
　エル、コスグレーヴ
「フランス」国代表者
　ジャック、ルクレルク
「オランダ」国代表者
　シェルフ、ヘルフリッヒ
「ニュー、ジーランド」代表者
　エス、エム、イシット

日本国との平和条約

一九五一年九月八日署名
一九五二年四月二八日効力発生

連合国及び日本国は、両者の関係が、今後、共通の福祉を増進し且《か》つ国際の平和及び安全を維持するために主権を有する対等のものとして友好的な連携の下に協力する国家の間の関係でなければならないことを決意し、よつて、両者の間の戦争状態の存在の結果として今なお未決である問題を解決する平和条約を締結することを希望するので、

日本国としては、国際連合への加盟を申請し且つあらゆる場合に国際連合憲章

の原則を遵守し、世界人権宣言の目的を実現するために努力し、国際連合憲章第五十五条及び第五十六条に定められ且つ既に降伏後の日本国の法制によつて作られはじめた安定及び福祉の条件を日本国内に創造するために努力し、並びに公私の貿易及び通商において国際的に承認された公正な慣行に従う意思を宣言するので、

連合国は、前項に掲げた日本国の意思を歓迎するので、

よつて、連合国及び日本国は、この平和条約を締結することに決定し、これに応じて下名の全権委員を任命した。これらの全権委員は、その全権委任状を示し、それが良好妥当であると認められた後、次の規定を協定した。

第一章　平　和

〔戦争の終了、主権の承認〕

第一条　(a)日本国と各連合国との間の戦争状態は、第二十三条の定めるところに

よりこの条約が日本国と当該連合国との間に効力を生ずる日に終了する。
(b)連合国は、日本国及びその領水に対する日本国民の完全な主権を承認する。

第二章　領　域

〔領土権の放棄〕
第二条　(a)日本国は、朝鮮の独立を承認して、済州島《さいしゅうとう》、巨文島《きょぶんとう》及び鬱陵島《うつりょうとう》を含む朝鮮に対するすべての権利、権原及び請求権を放棄する。
(b)日本国は、台湾及び澎湖《ほうこ》諸島に対するすべての権利、権原及び請求権を放棄する。
(c)日本国は、千島列島並びに日本国が千九百五年九月五日のポーツマス条約の結果として主権を獲得した樺太の一部及びこれに近接する諸島に対するすべての権利、権原及び請求権を放棄する。
(d)日本国は、国際連盟の委任統治制度に関連するすべての権利、権原及び請求権を放棄し、且つ、以前に日本国の委任統治の下にあつた太平洋の諸島に信託統治制度を及ぼす千九百四十七年四月二日の国際連合安全保障理事会の行動を受諾する。

(e)日本国は、日本国民の活動に由来するか又は他に由来するかを問わず、南極地域のいずれの部分に対する権利若しくは権原又はいずれの部分に関する利益についても、すべての請求権を放棄する。

(f)日本国は、新南群島及び西沙群島に対するすべての権利、権原及び請求権を放棄する。

〔信託統治〕

第三条　日本国は、北緯二十九度以南の南西諸島(琉球諸島及び大東諸島を含む。)、孀婦岩《そうふがん》の南の南方諸島(小笠原群島、西之島及び火山列島を含む。)並びに沖の鳥島及び南鳥島を合衆国を唯一の施政権者とする信託統治制度の下におくこととする国際連合に対する合衆国のいかなる提案にも同意する。このような提案が行われ且つ可決されるまで、合衆国は、領水を含むこれらの諸島の領域及び住民に対して、行政、立法及び司法上の権力の全部及び一部を行使する権利を有するものとする。

〔財産・請求権の処理〕

第四条　(a)この条の(b)の規定を留保して、日本国及びその国民の財産で第二条に掲げる地域にあるもの並びに日本国及びその国民の請求権(債権を含む。)で現にこれらの地域の施政を行つている当局及びそこの住民(法人を含む。)に対するものの処理並びに日本国におけるこれらの当局及び住民の財産並びに日本国及びその国民に対するこれらの当局及び住民の請求権(債権を含む。)の処理は、日本国とこれらの当局との間の特別取極の主題とする。第二条に掲げる地域にある連合国又はその国民の財産は、まだ返還されていない限り、施政を行つている当局が現状で返還しなければならない。(国民という語は、この条約で用いるときはいつでも、法人を含む。)

(b)日本国は、第二条及び第三条に掲げる地域のいずれかにある合衆国軍政府により、又はその指令に従つて行われた日本国及びその国民の財産の処理の効力を承認する。

(c)日本国とこの条約に従つて日本国の支配から除かれる領域とを結ぶ日本所有の海底電線は、二等分され、日本国は、日本の終点施設及びこれに連なる電線の半分を保有し、分離される領域は、残りの電線及びその終点施設を保有する。

第三章　安　全

〔国連の基本原則、自衛権〕

第五条　(a)日本国は、国際連合憲章第二条に掲げる義務、特に次の義務を受諾する。

(i)その国際紛争を、平和的手段によつて国際の平和及び安全並びに正義を危うくしないように解決すること。

(ii)その国際関係において、武力による威嚇又は武力の行使は、いかなる国の領土保全又は政治的独立に対するものも、また、国際連合の目的と両立しない他のいかなる方法によるものも慎むこと。

(iii)国際連合が憲章に従つてとるいかなる行動についても国際連合にあらゆる援助を与え、且つ、国際連合が防止行動又は強制行動をとるいかなる国に対しても援助の供与を慎むこと。

(b)連合国は、日本国との関係において国際連合憲章第二条の原則を指針とすべきことを確認する。

(c)連合国としては、日本国が主権国として国際連合憲章第五十一条に掲げる個別的又は集団的自衛の固有の権利を有すること及び日本国が集団的安全保障取極を自発的に締結することができることを承認する。

〔占領軍の撤退〕

第六条　(a)連合国のすべての占領軍は、この条約の効力発生の後なるべくすみやかに、且つ、いかなる場合にもその後九十日以内に、日本国から撤退しなければならない。但し、この規定は、一又は二以上の連合国を一方とし、日本国を他方として双方の間に締結された若しくは締結される二国間若しくは多数国間の協定に基く、又はその結果としての外国軍隊の日本国の領域における駐とん又は駐留を妨げるものではない。

(b) 日本国軍隊の各自の家庭への復帰に関する千九百四十五年七月二十六日のポツダム宣言の第九項の規定は、まだその実施が完了されていない限り、実行されるものとする。

(c) まだ代価が支払われていないすべての日本財産で、占領軍の使用に供され、且つ、この条約の効力発生の時に占領軍が占有しているものは、相互の合意によつて別段の取極が行われない限り、前記の九十日以内に日本国政府に返還しなければならない。

第四章　政治及び経済条項

〔二国間条約の効力〕

第七条　(a)各連合国は、自国と日本国との間にこの条約が効力を生じた後一年以内に、日本国との戦前のいずれの二国間の条約又は協約を引き続いて有効とし又は復活させることを希望するかを日本国に通告するものとする。こうして通告された条約又は協約は、この条約に適合することを確保するための必要な修正を受けるだけで、引き続いて有効とされ、又は復活される。こうして通告された条約及び協約は、通告の日の後三箇月で、引き続いて有効なものとみなされ、又は復活され、且つ、国際連合事務局に登録されなければならない。日本国にこうして通告されないすべての条約及び協約は、廃棄されたものとみなす。

(b)この条の(a)に基いて行う通告においては、条約又は協約の実施又は復活に関し、国際関係について通告国が責任をもつ地域を除外することができる。この除外は、除外の適用を終止することが日本国に通告される日の三箇月後まで行われるものとする。

〔終戦関係条約の承認、特定条約上の権益の放棄〕

第八条 (a)日本国は、連合国が千九百三十九年九月一日に開始された戦争状態を終了するために現に締結し又は今後締結するすべての条約及び連合国が平和の回復のため又はこれに関連して行う他の取極の完全な効力を承認する。日本国は、また、従前の国際連盟及び常設国際司法裁判所を終止するために行われた取極を受諾する。

(b)日本国は、千九百十九年九月十日のサン・ジェルマン＝アン＝レイの諸条約及び千九百三十六年七月二十日のモントルーの海峡条約の署名国であることに由来し、並びに千九百二十三年七月二十四日にローザンヌで署名されたトルコとの平和条約の第十六条に由来するすべての権利及び利益を放棄する。

(c)日本国は、千九百三十年一月二十日のドイツと債権国との間の協定及び千九百三十年五月十七日の信託協定を含むその附属書並びに千九百三十年一月二十日の国際決済銀行に関する条約及び国際決済銀行の定款に基いて得たすべての権利、権原及び利益を放棄し、且つ、それから生ずるすべての義務を免かれる。日本国は、この条約の最初の効力発生の後六箇月以内に、この項に掲げる権利、権原及び利益の放棄をパリの外務省に通告するものとする。

〔漁業協定〕

第九条　日本国は、公海における漁猟の規制又は制限並びに漁業の保存及び発展を規定する二国間及び多数国間の協定を締結するために、希望する連合国とすみやかに交渉を開始するものとする。

〔中国における権益の放棄〕

第十条　日本国は、千九百一年九月七日に北京で署名された最終議定書並びにこれを補足するすべての附属書、書簡及び文書の規定から生ずるすべての利得及び特権を含む中国におけるすべての特殊の権利及び利益を放棄し、且つ、前記の議定書、附属書、書簡及び文書を日本国に関して廃棄することに同意する。

〔戦争犯罪の裁判〕

第十一条　日本国は、極東国際軍事裁判所並びに日本国内及び国外の他の連合国戦争犯罪法廷の裁判を受諾し、且つ、日本国で拘禁されている日本国民にこれらの法廷が課《（ママ）》した刑を執行するものとする。これらの拘禁されている者を赦免し、減刑し、及び仮出獄させる権限は、各事件について刑を課《（ママ）》した一又は二以上の政府の決定及び日本国の勧告に基く場合の外、行使することができない。極東国際軍事裁判所が刑を宣告した者については、この権限は、裁判所に代表者を出した政府の過半数の決定及び日本国の勧告に基く場合の外、行使することができない。

〔通商条約〕

第十二条　(a)日本国は、各連合国と、貿易、海運その他の通商の関係を安定した且つ友好的な基礎の上におくために、条約又は協定を締結するための交渉をすみやかに開始する用意があることを宣言する。

(b)該当する条約又は協定が締結されるまで、日本国は、この条約の最初の効力発生の後四年間、

(1)各連合国並びにその国民、産品及び船舶に次の待遇を与える。

(i)貨物の輸出入に対する、又はこれに関連する関税、課金、制限その他の規制に関する最恵国待遇

(ii)海運、航海及び輸入貨物に関する内国民待遇並びに自然人、法人及びその利益に関する内国民待遇。この待遇は、税金の賦課及び徴収、裁判を受けること、契約の締結及び履行、財産権(有体財産及び無体財産に関するもの)、日本国の法律に基いて組織された法人への参加並びに一般にあらゆる種類の事業活動及び職業活動の遂行に関するすべての事項を含むものとする。

(2)日本国の国営商企業の国外における売買が商業的考慮にのみ基くことを確保する。

(c)もつとも、いずれの事項に関しても、日本国は、連合国が当該事項についてそれぞれ内国民待遇又は最恵国待遇を日本国に与える限度においてのみ、当該連合国に内国民待遇又は最恵国待遇を与える義務を負うものとする。前段に定める相互主義は、連合国の非本土地域の産品、船舶、法人及びそこに住所を有する人の場合並びに連邦政府をもつ連合国の邦又は州の法人及びそこに住所を有する人の場合には、その地域、邦又は州において日本国に与えられる待遇に照らして決定される。

(d)この条の適用上、差別的措置であつて、それを適用する当事国の通商条約に通常規定されている例外に基くもの、その当事国の対外的財政状態若しくは国際収支を保護する必要に基くもの(海運及び航海に関するものを除く。)又は重大な安全上の利益を維持する必要に基くものは、事態に相応しており、且つ、ほしいままな又は不合理な方法で適用されない限り、それぞれ内国民待遇又は最恵国待遇の許与を害するものと認めてはならない。

(e)この条に基く日本国の義務は、この条約の第十四条に基く連合国の権利の行使によつて影響されるものではない。また、この条の規定は、この条約の第十五条によつて日本国が引き受ける約束を制限するものと了解してはならない。

〔国際民間航空〕

第十三条　(a)日本国は、国際民間航空運送に関する二国間又は多数国間の協定を締結するため、一又は二以上の連合国の要請があつたときはすみやかに、当該連合国と交渉を開始するものとする。

(b)一又は二以上の前記の協定が締結されるまで、日本国は、この条約の最初の効力発生の時から四年間、この効力発生の日にいずれかの連合国が行使しているところよりも不利でない航空交通の権利及び特権に関する待遇を当該連合国に与え、且つ、航空業務の運営及び発達に関する完全な機会均等を与えるものとする。

(c)日本国は、国際民間航空条約第九十三条に従つて同条約の当事国となるまで、航空機の国際航空に適用すべきこの条約の規定を実施し、且つ、同条約の条項に従つて同条約の附属書として採択された標準、方式及び手続を実施するものとする。

第五章　請求権及び財産

〔賠償、在外財産〕

第十四条　(a)日本国は、戦争中に生じさせた損害及び苦痛に対して、連合国に賠償を支払うべきことが承認される。しかし、また、存立可能な経済を維持すべきものとすれば、日本国の資源は、日本国がすべての前記の損害及び苦痛に対して完全な賠償を行い且つ同時に他の債務を履行するためには現在充分でないことが承認される。よつて、

1　日本国は、現在の領域が日本国軍隊によつて占領され、且つ、日本国によつて損害を与えられた連合国が希望するときは、生産、沈船引揚げその他の作業における日本人の役務を当該連合国の利用に供することによつて、与えた損害を修復する費用をこれらの国に補償することに資するために、当該連合国とすみやかに交渉を開始するものとする。その取極は、他の連合国に追加負担を課することを避けなければならない。また、原材料からの製造が必要とされる場合には、外国為替上の負担を日本国に課さないために、原材料は、当該連合国が供給しなければならない。

2　(I)次の(II)の規定を留保して、各連合国は、次に掲げるもののすべての財産、権利及び利益でこの条約の最初の効力発生の時にその管轄の下にあるものを差し押え、留置し、清算し、その他何らかの方法で処分する権利を有する。

(a)日本国及び日本国民

(b)日本国又は日本国民の代理者又は代行者　並びに

(c)日本国又は日本国民が所有し、又は支配した団体この(I)に明記する財産、権利及び利益は、現に、封鎖され、若しくは所属を変じており、又は連合国の敵産管理当局の占有若しくは管理に係るもので、これらの資産が当該当局の管理の下におかれた時に前記の(a)、(b)又は(c)に掲げるいずれかの人又は団体に属し、又はこれらのために保有され、若しくは管理されていたものを含む。

(II)次のものは、前記の(I)に明記する権利から除く。

(i)日本国が占領した領域以外の連合国の一国の領域に当該政府の許可を得て戦争中に居住した日本の自然人の財産。但し、戦争中に制限を課され、且つ、この条約の最初の効力発生の日にこの制限を解除されない財産を除く。

(ii)日本国政府が所有し、且つ、外交目的又は領事目的に使用されたすべての不動産、家具及び備品並びに日本国の外交職員又は領事職員が所有したすべての個人の家具及び用具類その他の投資的性質をもたない私有財産で外交機能又は領事機能の遂行に通常必要であつたもの

(iii)宗教団体又は私的慈善団体に属し、且つ、もつぱら宗教又は慈善の目的に使用した財産

(iv)関係国と日本国との間における千九百四十五年九月二日後の貿易及び金融の関係の再開の結果として日本国の管轄内にはいつた財産、権利及び利益。但し、当該連合国の法律に反する取引から生じたものを除く。

(v)日本国若しくは日本国民の債務、日本国に所在する有体財産に関する権利、権原若しくは利益、日本国の法律に基いて組織された企業に関する利益又はこれらについての証書。但し、この例外は、日本国の通貨で表示された日本国及びその国民の債務にのみ適用する。

(Ⅲ)前記の例外(i)から(v)までに掲げる財産は、その保存及び管理のために要した合理的な費用が支払われることを条件として、返還しなければならない。これらの財産が清算されているときは、代りに売得金を返還しなければならない。

(Ⅳ)前記の(Ⅰ)に規定する日本財産を差し押え、留置し、清算し、その他何らか

の方法で処分する権利は、当該連合国の法律に従つて行使され、所有者は、これらの法律によつて与えられる権利のみを有する。

(V)連合国は、日本の商標並びに文学的及び美術的著作権を各国の一般的事情が許す限り日本国に有利に取り扱うことに同意する。

(b)この条約に別段の定がある場合を除き、連合国は、連合国のすべての賠償請求権、戦争の遂行中に日本国及びその国民がとつた行動から生じた連合国及びその国民の他の請求権並びに占領の直接軍事費に関する連合国の請求権を放棄する。

〔連合国財産の返還〕

第十五条 (a)この条約が日本国と当該連合国との間に効力を生じた後九箇月以内に申請があつたときは、日本国は、申請の日から六箇月以内に、日本国にある各連合国及びその国民の有体財産及び無体財産並びに種類のいかんを問わずすべての権利又は利益で、千九百四十一年十二月七日から千九百四十五年九月二日までの間のいずれかの時に日本国内にあつたものを返還する。但し、所有者が強迫又は詐欺によることなく自由にこれらを処分した場合は、この限りでない。この財産は、戦争があつたために課せられたすべての負担及び課金を免除して、その返還のための課金を課さずに返還しなければならない。所有者により若しくは所有者のために又は所有者の政府により所定の期間内に返還が申請されない財産は、日本国政府がその定めるところに従つて処分することができる。この財産が千九百四十一年十二月七日に日本国に所在し、且つ、返還することができず、又は戦争の結果として損傷若しくは損害を受けている場合には、日本国内閣が千九百五十一年七月十三日に決定した連合国財産補償法案の定める条件よりも不利でない条件で補償される。

(b)　戦争中に侵害された工業所有権については、日本国は、千九百四十九年九月一日施行の政令第三百九号、千九百五十年一月二十八日施行の政令第十二号及び千九百五十年二月一日施行の政令第九号(いずれも改正された現行のものとする。)によりこれまで与えられたところよりも不利でない利益を引き続いて連合国及びその国民に与えるものとする。但し、前記の国民がこれらの政令に定められた期限までにこの利益の許与を申請した場合に限る。

(c)(i)日本国は、公にされ及び公にされなかつた連合国及びその国民の著作物に関して千九百四十一年十二月六日に日本国に存在した文学的及び美術的著作権がその日以後引き続いて効力を有することを認め、且つ、その日に日本国が当事国であつた条約又は協定が戦争の発生の時又はその時以後日本国又は当該連合国の国内法によつて廃棄され又は停止されたかどうかを問わず、これらの条約及び協定の実施によりその日以後日本国において生じ、又は戦争がなかつたならば生ずるはずであつた権利を承認する。

(ii)権利者による申請を必要とすることなく、且つ、いかなる手数料の支払又は他のいかなる手続もすることなく、千九百四十一年十二月七日から日本国と当該連合国との間にこの条約が効力を生ずるまでの期間は、これらの権利の通常期間から除算し、また、日本国において翻訳権を取得するために文学的著作物が日本語に翻訳されるべき期間からは、六箇月の期間を追加して除算しなければならない。

〔非連合国にある日本資産〕

第十六条　日本国の捕虜であつた間に不当な苦難を被つた連合国軍隊の構成員に償いをする願望の表現として、日本国は、戦争中中立であつた国にある又は連合国のいずれかと戦争していた国にある日本国及びその国民の資産又は、日本国が選択するときは、これらの資産と等価のものを赤十字国際委員会に引き渡すものとし、同委員会は、これらの資産を清算し、且つ、その結果生ずる資金を、同委員会が衡平であると決定する基礎において、捕虜であつた者及びその家族のために、適当な国内機関に対して分配しなければならない。この条約の第十四条(a)2(Ⅱ)の(ii)から(v)までに掲げる種類の資産は、条約の最初の効力発生の時に日本国に居住しない日本の自然人の資産とともに、引渡しから除外する。またこの条の引渡規定は、日本国の金融機関が現に所有する一万九千七百七十株の国際決済銀行の株式には適用がないものと了解する。

〔裁判の再審査〕

第十七条 (a) いずれかの連合国の要請があつたときは、日本国政府は、当該連合国の国民の所有権に関係のある事件に関する日本国の捕獲審検所の決定又は命令を国際法に従い再審査して修正し、且つ、行われた決定及び発せられた命令を含めて、これらの事件の記録を構成するすべての文書の写を提供しなければならない。この再審査又は修正の結果、返還すべきことが明らかになつた場合には、第十五条の規定を当該財産に適用する。

(b) 日本国政府は、いずれかの連合国の国民が原告又は被告として事件について充分な陳述ができなかつた訴訟手続において、千九百四十一年十二月七日から日本国と当該連合国との間にこの条約が効力を生ずるまでの期間に日本国の裁判所が行つた裁判を、当該国民が前記の効力発生の後一年以内にいつでも適当な日本国の機関に再審査のため提出することができるようにするために、必要な措置をとらなければならない。日本国政府は、当該国民が前記の裁判の結果損害を受けた場合には、その者をその裁判が行われる前の地位に回復するようにし、又はその者にそれぞれの事情の下において公正且つ衡平な救済が与えられるようにしなければならない。

〔戦前からの債務〕

第十八条　(a)戦争状態の介在は、戦争状態の存在前に存在した債務及び契約（債券に関するものを含む。）並びに戦争状態の存在前に取得された権利から生ずる金銭債務で、日本国の政府若しくは国民が連合国の一国の政府若しくは国民に対して、又は連合国の一国の政府若しくは国民が日本国の政府若しくは国民に対して負つているものを支払う義務に影響を及ぼさなかつたものと認める。戦争状態の介在は、また、戦争状態の存在前に財産の滅失若しくは損害又は身体傷害若しくは死亡に関して生じた請求権で、連合国の一国の政府が日本国政府に対して、又は日本国政府が連合国政府のいずれかに対して提起し又は再提起するものの当否を審議する義務に影響を及ぼすものとみなしてはならない。この項の規定は、第十四条によつて与えられる権利を害するものではない。

(b)日本国は、日本国の戦前の対外債務に関する責任と日本国が責任を負うと後に宣言された団体の債務に関する責任とを確認する。また、日本国は、これらの債務の支払再開に関して債権者とすみやかに交渉を開始し、他の戦前の請求権及び債務に関する交渉を促進し、且つ、これに応じて金額の支払を容易にする意図を表明する。

〔戦争請求権の放棄〕

第十九条　(a)日本国は、戦争から生じ、又は戦争状態が存在したためにとられた行動から生じた連合国及びその国民に対する日本国及びその国民のすべての請求権を放棄し、且つ、この条約の効力発生の前に日本国領域におけるいずれかの連合国の軍隊又は当局の存在、職務遂行又は行動から生じたすべての請求権を放棄する。

(b)前記の放棄には、千九百三十九年九月一日からこの条約の効力発生までの間に日本国の船舶に関していずれかの連合国がとつた行動から生じた請求権並びに連合国の手中にある日本人捕虜及び被抑留者に関して生じた請求権及び債権が含まれる。但し、千九百四十五年九月二日以後いずれかの連合国が制定した法律で特に認められた日本人の請求権を含まない。

(c)相互放棄を条件として、日本国政府は、また、政府間の請求権及び戦争中に受けた滅失又は損害に関する請求権を含むドイツ及びドイツ国民に対するすべての請求権(債権を含む。)を日本国政府及び日本国民のために放棄する。但し、(a)千九百三十九年九月一日前に締結された契約及び取得された権利に関する請求権並びに(b)千九百四十五年九月二日後に日本国とドイツとの間の貿易及び金融の関係から生じた請求権を除く。この放棄は、この条約の第十六条及び第二十条に従つてとられる行動を害するものではない。

(d)日本国は、占領期間中に占領当局の指令に基いて若しくはその結果として行われ、又は当時の日本国の法律によつて許可されたすべての作為又は不作為の効力を承認し、連合国民をこの作為又は不作為から生ずる民事又は刑事の責任に問ういかなる行動もとらないものとする。

〔ドイツ財産〕

第二十条 日本国は、千九百四十五年のベルリン会議の議事の議定書に基いてドイツ財産を処分する権利を有する諸国が決定した又は決定する日本国にあるドイツ財産の処分を確実にするために、すべての必要な措置をとり、これらの財産の最終的処分が行われるまで、その保存及び管理について責任を負うものとする。

〔中国と朝鮮の受益権〕

第二十一条 この条約の第二十五条の規定にかかわらず、中国は、第十条及び第十四条(a)2の利益を受ける権利を有し、朝鮮は、この条約の第二条、第四条、第九条及び第十二条の利益を受ける権利を有する。

本の豆知識

●読書週間●

毎年10月27日から11月9日は『読書週間』です.

終戦まもない1947年，まだ戦火の傷痕が至るところに残っているなかで「読書の力によって，平和な文化国家を作ろう」という決意のもと，出版社，取次会社，書店と公共図書館が力を合わせ，さらに新聞・放送のマスコミ機関の協力のもとに，11月17日から第1回『読書週間』が開催されました．翌年の第2回から文化の日を中心にした2週間として定着し，現在に至ります.

2005年には，『読書週間』が始まる10月27日が「文字・活字文化の日」に制定されました.

読書週間
2022
10·27〜11·9

公益社団法人 読書推進運動協議会
が定めた読書週間のマーク

岩波書店
https://www.iwanami.co.jp/

第六章　紛争の解決

〔条約の解釈〕

第二十二条　この条約のいずれかの当事国が特別請求権裁判所への付託又は他の合意された方法で解決されない条約の解釈又は実施に関する紛争が生じたと認めるときは、紛争は、いずれかの紛争当事国の要請により、国際司法裁判所に決定のため付託しなければならない。日本国及びまだ国際司法裁判所規程の当事国でない連合国は、それぞれがこの条約を批准する時に、且つ、千九百四十六年十月十五日の国際連合安全保障理事会の決議に従つて、この条に掲げた性質をもつすべての紛争に関して一般的に同裁判所の管轄権を特別の合意なしに受諾する一般的宣言書を同裁判所書記に寄託するものとする。

第七章　最終条項

〔批准〕

第二十三条　(a)この条約は、日本国を含めて、これに署名する国によつて批准されなければならない。この条約は、批准書が日本国により、且つ、主たる占領国としてのアメリカ合衆国を含めて、次の諸国、すなわちオーストラリア、カナダ、セイロン、フランス、インドネシア、オランダ、ニュー・ジーランド、パキスタン、フィリピン、グレート・ブリテン及び北部アイルランド連合王国及びアメリカ合衆国の過半数により寄託された時に、その時に批准しているすべての国に関して効力を生ずる。この条約は、その後これを批准する各国に関しては、その批准書の寄託の日に効力を生ずる。

(b)この条約が日本国の批准書の寄託の日の後九箇月以内に効力を生じなかつたときは、これを批准した国は、日本国の批准書の寄託の日の後三年以内に日本国政府及びアメリカ合衆国政府にその旨を通告して、自国と日本国との間にこの条約の効力を生じさせることができる。

〔批准書の寄託〕

第二十四条　すべての批准書は、アメリカ合衆国政府に寄託しなければならない。同政府は、この寄託、第二十三条(a)に基くこの条約の効力発生の日及びこの条約の第二十三条(b)に基いて行われる通告をすべての署名国に通告する。

〔連合国の定義〕

第二十五条　この条約の適用上、連合国とは、日本国と戦争していた国又は以前に第二十三条に列記する国の領域の一部をなしていたものをいう。但し、各場合に当該国がこの条約に署名し且つこれを批准したことを条件とする。第二十一条の規定を留保して、この条約は、ここに定義された連合国の一国でないいずれの国に対しても、いかなる権利、権原又は利益も与えるものではない。また、日本国のいかなる権利、権原又は利益も、この条約のいかなる規定によつても前記のとおり定義された連合国の一国でない国のために減損され、又は害されるものとみなしてはならない。

〔二国間の平和条約〕

第二十六条　日本国は、千九百四十二年一月一日の連合国宣言に署名し若しくは加入しており且つ日本国に対して戦争状態にある国又は以前に第二十三条に列記する国の領域の一部をなしていた国で、この条約の署名国でないものと、この条約に定めるところと同一の又は実質的に同一の条件で二国間の平和条約を締結する用意を有すべきものとする。但し、この日本国の義務は、この条約の最初の効力発生の後三年で満了する。日本国が、いずれかの国との間で、この条約で定めるところよりも大きな利益をその国に与える平和処理又は戦争請求権処理を行つたときは、これと同一の利益は、この条約の当事国にも及ぼされなければならない。

〔条約文の保管〕

第二十七条　この条約は、アメリカ合衆国政府の記録に寄託する。同政府は、その認証謄本を各署名国に交付する。

以上の証拠として、下名の全権委員は、この条約に署名した。

千九百五十一年九月八日にサン・フランシスコ市で、ひとしく正文である英語、フランス語及びスペイン語により、並びに日本語により作成した。

〔署名略〕

議定書〔略〕

日本国とアメリカ合衆国との間の相互協力及び安全保障条約（日米安全保障条約）

一九六〇年一月一九日署名
一九六〇年六月二三日公布・効力発生

日本国及びアメリカ合衆国は、

両国の間に伝統的に存在する平和及び友好の関係を強化し、並びに民主主義の諸原則、個人の自由及び法の支配を擁護することを希望し、

また、両国の間の一層緊密な経済的協力を促進し、並びにそれぞれの国における経済的安定及び福祉の条件を助長することを希望し、

国際連合憲章の目的及び原則に対する信念並びにすべての国民及びすべての政府とともに平和のうちに生きようとする願望を再確認し、

両国が国際連合憲章に定める個別的又は集団的自衛の固有の権利を有していることを確認し、

両国が極東における国際の平和及び安全の維持に共通の関心を有することを考慮し、

相互協力及び安全保障条約を締結することを決意し、

よつて、次のとおり協定する。

〔国連憲章との関係〕

第一条　締約国は、国際連合憲章に定めるところに従い、それぞれが関係することのある国際紛争を平和的手段によつて国際の平和及び安全並びに正義を危うくしないように解決し、並びにそれぞれの国際関係において、武力による威嚇又は武力の行使を、いかなる国の領土保全又は政治的独立に対するものも、また、国際連合の目的と両立しない他のいかなる方法によるものも慎むことを約束する。

締約国は、他の平和愛好国と協同して、国際の平和及び安全を維持する国際連合の任務が一層効果的に遂行されるように国際連合を強化することに努力する。

〔自由な諸制度の強化〕

第二条　締約国は、その自由な諸制度を強化することにより、これらの制度の基礎をなす原則の理解を促進することにより、並びに安定及び福祉の条件を助長することによつて、平和的かつ友好的な国際関係の一層の発展に貢献する。締約国は、その国際経済政策におけるくい違いを除くことに努め、また、両国の間の経済的協力を促進する。

〔自助及び相互援助〕

第三条　締約国は、個別的に及び相互に協力して、継続的かつ効果的な自助及び相互援助により、武力攻撃に抵抗するそれぞれの能力を、憲法上の規定に従うことを条件として、維持し発展させる。

〔協議〕

第四条　締約国は、この条約の実施に関して随時協議し、また、日本国の安全又は極東における国際の平和及び安全に対する脅威が生じたときはいつでも、いずれか一方の締約国の要請により協議する。

〔共通の危険への対処〕

第五条　各締約国は、日本国の施政の下にある領域における、いずれか一方に対する武力攻撃が、自国の平和及び安全を危うくするものであることを認め、自国の憲法上の規定及び手続に従つて共通の危険に対処するように行動することを宣言する。

前記の武力攻撃及びその結果として執つたすべての措置は、国際連合憲章第五十一条の規定に従つて直ちに国際連合安全保障理事会に報告しなければならない。その措置は、安全保障理事会が国際の平和及び安全を回復し及び維持するために必要な措置を執つたときは、終止しなければならない。

〔基地供与〕

第六条　日本国の安全に寄与し、並びに極東における国際の平和及び安全の維持に寄与するため、アメリカ合衆国は、その陸軍、空軍及び海軍が日本国において施設及び区域を使用することを許される。

前記の施設及び区域の使用並びに日本国における合衆国軍隊の地位は、千九百五十二年二月二十八日に東京で署名された日本国とアメリカ合衆国との間の安全保障条約第三条に基く行政協定(改正を含む。)に代わる別個の協定及び合意される他の取極により規律される。

〔国連加盟国たる地位との関係〕

第七条　この条約は、国際連合憲章に基づく締約国の権利及び義務又は国際の平和及び安全を維持する国際連合の責任に対しては、どのような影響も及ぼすものではなく、また、及ぼすものと解釈してはならない。

〔批准〕

第八条　この条約は、日本国及びアメリカ合衆国により各自の憲法上の手続に従つて批准されなければならない。この条約は、両国が東京で批准書を交換した日に効力を生ずる。

〔旧安全保障条約の失効〕

第九条　千九百五十一年九月八日にサン・フランシスコ市で署名された日本国とアメリカ合衆国との間の安全保障条約は、この条約の効力発生の時に効力を失う。

〔効力終了〕

第十条　この条約は、日本区域における国際の平和及び安全の維持のため十分な定めをする国際連合の措置が効力を生じたと日本国政府及びアメリカ合衆国政府が認める時まで効力を有する。

もつとも、この条約が十年間効力を存続した後は、いずれの締約国も、他方の締約国に対しこの条約を終了させる意思を通告することができ、その場合には、この条約は、そのような通告が行なわれた後一年で終了する。

以上の証拠として、下名の全権委員は、この条約に署名した。

千九百六十年一月十九日にワシントンで、ひとしく正文である日本語及び英語により本書二通を作成した。

日本国のために

岸　信介

藤山愛一郎

石井光次郎

足立　正

朝海浩一郎

アメリカ合衆国のために

クリスチャン・A・ハーター

ダグラス・マックアーサー二世

J・グレイアム・パースンズ

〔条約第六条の実施に関する交換公文〕

書簡をもつて啓上いたします。本大臣は、本日署名された日本国とアメリカ合衆国との間の相互協力及び安全保障条約に言及し、次のことが同条約第六条の実施に関する日本国政府の了解であることを閣下に通報する光栄を有します。

合衆国軍隊の日本国への配置における重要な変更、同軍隊の装備における重要な変更並びに日本国から行なわれる戦闘作戦行動(前記の条約第五条の規定に基づいて行なわれるものを除く。)のための基地としての日本国内の施設及び区域の使用は、日本国政府との事前の協議の主題とする。

本大臣は、閣下が、前記のことがアメリカ合衆国政府の了解でもあることを貴国政府に代わつて確認されれば幸いであります。

本大臣は、以上を申し進めるに際し、ここに重ねて閣下に向かつて敬意を表します。

千九百六十年一月十九日にワシントンで

岸　信介

アメリカ合衆国国務長官
クリスチャン・A・ハーター閣下

書簡をもつて啓上いたします。本長官は、本日付けの閣下の次の書簡を受領したことを確認する光栄を有します。

書簡をもつて啓上いたします。本大臣は、本日署名された日本国とアメリカ合衆国との間の相互協力及び安全保障条約に言及し、次のことが同条約第六条の実施に関する日本国政府の了解であることを閣下に通報する光栄を有します。

合衆国軍隊の日本国への配置における重要な変更、同軍隊の装備における重要な変更並びに日本国から行なわれる戦闘作戦行動(前記の条約第五条の規定に基づいて行なわれるものを除く。)のための基地としての日本国内の施設及び区域の使用は、日本国政府との事前の協議の主題とする。

本大臣は、閣下が、前記のことがアメリカ合衆国政府の了解でもあることを貴国政府に代わつて確認されれば幸いであります。

本大臣は、以上を申し進めるに際し、ここに重ねて閣下に向かつて敬意を表します。

本長官は、前記のことがアメリカ合衆国政府の了解でもあることを本国政府に代わって確認する光栄を有します。

本長官は、以上を申し進めるに際し、ここに重ねて閣下に向かって敬意を表します。

千九百六十年一月十九日

アメリカ合衆国国務長官
クリスチャン・A・ハーター

日本国総理大臣
岸信介閣下

〔吉田・アチソン交換公文等に関する交換公文〕

書簡をもつて啓上いたします。本長官は、千九百五十一年九月八日にサン・フランシスコ市で署名されたアメリカ合衆国と日本国との間の安全保障条約、同日日本国内閣総理大臣吉田茂とアメリカ合衆国国務長官ディーン・アチソンとの間に行なわれた交換公文、千九百五十四年二月十九日に東京で署名された日本国における国際連合の軍隊の地位に関する協定及び本日署名されたアメリカ合衆国と日本国との間の相互協力及び安全保障条約に言及する光栄を有します。次のことが、本国政府の了解であります。

1　前記の交換公文は、日本国における国際連合の軍隊の地位に関する協定が効力を有する間、引き続き効力を有する。

2　前記の協定第五条2にいう「日本国とアメリカ合衆国との間の安全保障条約に基いてアメリカ合衆国の使用に供せられている施設及び区域」とは、相互協力及び安全保障条約に基づいてアメリカ合衆国が使用を許される施設及び区域を意味するものと了解される。

3　千九百五十年七月七日の安全保障理事会決議に従つて設置された国際連合統一司令部の下にある合衆国軍隊による施設及び区域の使用並びに同軍隊の日本国における地位は、相互協力及び安全保障条約に従つて行なわれる取極により規律される。

本長官は、閣下が、前各号に述べられた本国政府の了解が貴国政府の了解でもあること及びこの了解が千九百六十年一月十九日にワシントンで署名された相互協力及び安全保障条約の効力の発生の日から実施されるものであることを貴国政府に代わつて確認されれば幸いであります。

本長官は、以上を申し進めるに際し、ここに重ねて閣下に向かつて敬意を表します。

千九百六十年一月十九日

アメリカ合衆国国務長官
クリスチャン・A・ハーター

日本国総理大臣　岸信介閣下

書簡をもつて啓上いたします。本大臣は、本日付けの閣下の次の書簡を受領したことを確認する光栄を有します。

書簡をもつて啓上いたします。本長官は、千九百五十一年九月八日にサン・フランシスコ市で署名されたアメリカ合衆国と日本国との間の安全保障条約、同日日本国内閣総理大臣吉田茂とアメリカ合衆国国務長官ディーン・アチソンとの間に行なわれた交換公文、千九百五十四年二月十九日に東京で署名された日本国における国際連合の軍隊の地位に関する協定及び本日署名されたアメリカ合衆国と日本国との間の相互協力及び安全保障条約に言及する光栄を有します。次のことが、本国政府の了解であります。

1　前記の交換公文は、日本国における国際連合の軍隊の地位に関する協定が効力を有する間、引き続き効力を有する。

2　前記の協定第五条2にいう「日本国とアメリカ合衆国との間の安全保障条約に基いてアメリカ合衆国の使用に供せられている施設及び区域」とは、相互協力及び安全保障条約に基づいてアメリカ合衆国が使用を許される施設及び区域を意味するものと了解される。

3　千九百五十年七月七日の安全保障理事会決議に従つて設置された国際連合統一司令部の下にある合衆国軍隊による施設及び区域の使用並びに同軍隊の日本国における地位は、相互協力及び安全保障条約に従つて行なわれる取極により規律される。

本長官は、閣下が、前各号に述べられた本国政府の了解が貴国政府の了解でもあること及びこの了解が千九百六十年一月十九日にワシントンで署名された相互協力及び安全保障条約の効力の発生の日から実施されるものであることを貴国政府に代わつて確認されれば幸いであります。

本長官は、以上を申し進めるに際し、ここに重ねて閣下に向かつて敬意を表します。

本大臣は、前記のことが日本国政府の了解でもあることを本国政府に代わつて確認する光栄を有します。

本大臣は、以上を申し進めるに際し、ここに重ねて閣下に向かつて敬意を表します。

千九百六十年一月十九日にワシントンで

岸　信　介

アメリカ合衆国国務長官
クリスチャン・A・ハーター閣下

解説

長谷部恭男

本書は日本国憲法および関係する基本的な文書を収める。基本的な文書としては、大日本帝国憲法から日本国憲法への変化および戦後の憲法体制の骨格の理解を助けるものを選んだ。

日本国憲法は、形式上は、大日本帝国憲法の改正の結果として成立した。旧憲法と現憲法とでは、その断絶が強調されがちであるが、旧憲法の根本原理であった君主制原理(天皇主権原理)および旧憲法の標準的な解釈枠組みであった国家法人理論は、現在にいたるまで深く、その影響を残している。

日本国憲法は、占領軍総司令部との「緊密なる連絡」の下で政府原案が作成され、帝国議会の審議も総司令部との折衝と並行して行なわれた。**英文の日本国憲法**は、憲法の正文ではないが、こうした「連絡」や「折衝」の経緯の理解を助ける。東西冷戦の終結と前後して、南欧、南米、東欧等の広範な地域にわたって政治体制の民主化が進展し、それと合わせて憲法の比較研究が長足の進歩を遂げた。海外の研究者がまず参照するのは、英文の日本国憲法である。国際社会における日本国憲法理解の出発点となっている。

1　大日本帝国憲法の成立と運用

(1) 大日本帝国憲法の成立

大日本帝国憲法(明治憲法)の制定は、一方では藩閥政府と自由民権運動のせめぎ合いの産物として、他方では、幕末に西欧諸国と締結した不平等条約改正の前提条件となる西欧的法体系の整備の一環として見ることができる。

富国強兵をはかるため、国民の政治的エネルギーの動員を必要とした明治政府は、一八七五年には「漸次《ぜんじ》立憲政体樹立の詔《みことのり》」を出し、一八七六年九月には「朕爰《ちんこ》ニ我建国ノ体ニ基キ、広ク海外各国ノ成法ヲ斟酌《しんしゃく》シ、以テ国憲ヲ定メントス。汝等《なんじら》ソレ宜シク之カ草按《そうあん》ヲ起創シ、以テ聞セヨ。朕将《まさ》ニ撰《えら》ハントス」との国憲起草の勅命が元老院に対して下された。

元老院は一八八〇年末に「日本国憲按《あん》」と題する草案を作成して天皇に奏上したが、政府内では海外「各国之憲法ヲ取集焼直《とりあつめやきなおし》シ候迄《そうろうまで》ニ而我国体人情等ニハ聊《いささか》モ致注意候《ちゅういいたしそうろう》モノトハ不被察《さっせられず》」（伊藤博文の岩倉具視あて書簡）、あるいは「我カ国体ト相符《あいあ》ハサル所アル」（岩倉具視の論評）ものとされ、採択されるに至らなかった。

出直しとなった憲法起草作業は伊藤博文を中心として進められた。伊藤は憲法調査の勅命により一八八二年にはヨーロッパに赴いてベルリン、ウィーンでルドルフ・フォン・グナイスト、ローレンツ・フォン・シュタイン、アルベルト・モッセら法学者たちの講義を聴き、帰国後、井上毅《こわし》、伊東巳代治《みよじ》、金子堅太郎《けんたろう》および政府顧問のヘルマン・レスラー等の協力を得て憲法の起草に着手し、一八八八年に成案を得た。この草案は、伊藤自身を議長とする枢密院への諮詢《しじゅん》を経て確定し、一八八九年二月一一日に大日本帝国憲法として発布された。

憲法ということばは、聖徳太子の十七条憲法にも見られるように、法や掟《おきて》を一般的に指す意味で用いられ、必ずしも国家の根本法という意味では用いられてこなかった。明治のはじめに西欧の法学が導入された際、constitution あるいは Verfassung の訳語として「国憲」「国制」と並んで「憲法」ということばがあてられるようになり、一八八二年に伊藤博文がヨーロッパ各国の憲法制度の調査に派遣される際、勅語に付帯する調査項目として「欧洲各立憲君治国ノ憲法ニ就《つ》キ其《その》淵源ヲ尋ネ其沿革ヲ考ヘ其現行ノ実況ヲ視利害得失ヲ研究スヘキ事」が挙げられていたことから、国家の根本法の意味で憲法の語を用いることが一般化した。

(2) 君主制原理と憲法の運用

大日本帝国憲法には、天皇主権、天皇大権による国政運営など、天皇の統治権を広く認める側面と、欧米諸国の憲法にならって、権利保障、権力分立、民選議院など、自由主義あるいは民主主義に即した制度を取り入れた側面とがある。

憲法一条は「大日本帝国ハ万世一系ノ天皇之ヲ統治ス」とし、四条は「天皇ハ国ノ元首ニシテ統治権ヲ総攬シ此ノ憲法ノ条規ニ依リ之ヲ行フ」とする。後者は、国の統治権はそもそもは天皇がすべて掌握しているが、天皇自身が欽定憲法を制定することで、統治権の「行使」に関する限りは自己制限をし、議会、裁判所、政府各機関の補翼《ほよく》を得るとする趣旨である。これは、そもそもはフランス一八一四年憲章に示され、その後ドイツ各邦に導入された君主制原理(monarchisches Prinzip)と呼ばれる考え方を井上毅らが取り入れたものである。日本では天皇主権原理と呼ばれている。

立法権については、天皇は緊急時に法律に代わる勅令を発する権限(八条)および法律の根拠なく独自に命令を発する権限(九条)を持ち、また、帝国議会の議決した法律案も天皇の裁可を得てはじめて法律として成立すると考えられた。その他にも、天皇は行政各部の官制の制定および任免(一〇条)、陸海軍の統帥(一一条)、非常時における戒厳の宣告(一四条)など広範な大権を保有した。また、統帥権については、慣行上、国務大臣の輔弼《ほひつ》によらず、陸軍参謀総長、海軍軍令部長が直接に天皇を輔翼するものとされ、このため、帝国議会も政府の責任追及を通じてこれをコントロールすることができないものとされた。

憲法は第二章で国民の権利義務について定めを置いたが、そこで保障されたのは、天皇による自己制限によって認められた限りでの「臣民」としての権利であり、個々人に生来の平等な権利が保障されたわけではない。学説上も、「我が憲法に於ける臣民の権利の保障は原則として唯《ただ》行政権及司法権に対する制限たるに止まり立法権に対する制限に非ず。……憲法は其の各条に於て臣民が法律の範囲内に於て何々の自由を享有し、又は法律に定めたる場合を除く外《ほか》其の自由を侵されざることを定めたるに止まり、国民が法律に依りても侵されざる権利を有することを定めず」と理解されていた（美濃部達吉『憲法撮要』一八一頁）。

もっとも、臣民の権利や財産に関する国家の行為には一般的に、議会の審議・議決を経た法律の根拠が必要であるとの理解（「侵害留保原則」）が浸透したため、法律を通じた国民の権利と自由の保障が存在していたと言うことができる。憲法上諭にある「朕ハ我カ臣民ノ権利及財産ノ安全ヲ貴重シ及之ヲ保護シ此ノ憲法及法律ノ範囲内ニ於テ其ノ享有ヲ完全ナラシムヘキコトヲ宣言ス」との文言は、美濃部の理解によれば、侵害留保原則の宣言に他ならない（美濃部『憲法撮要』一七九頁）。

政治運営の面では、国務大臣はそれぞれ個別に天皇に責任を負うものとされ（五五条）、帝国議会による信任は在職の条件として明記されてはいない。しかし、大正末から昭和初期にかけては、衆議院の多数派政党が内閣を構成し政権を担当することが「憲政の常道」とされた。衆議院が貴族院と同等の権限を有し、衆議院の支持がない限り政府が必要とする法律、予算を獲得することは困難であったため、政府が衆議院に対して政治責任を負う政治運営が成立する制度的基盤が存在していたということができる。

しかし、統帥権が政府による輔弼の対象から外されたことや、陸軍大臣および海軍大臣に現役の将官をあてる制度が長期にわたって存在したことから(軍部大臣現役武官制は、一九一三年山本権兵衛内閣時に廃止されたが、二・二六事件後の一九三六年に復活した)、軍が内閣の構成や存立にいたるまで政治的に大きな発言力を確保した。軍は組織内部の方針の統一もないまま、政府とは別ルートで外交工作を行い、陸軍参謀本部は平時における外国駐留の軍に対して直接の指揮権を行使した。

一九三二年の五・一五事件によって憲政の常道が崩壊して以降は、軍部の政治介入に対する有効な歯止めが失われた。さらに、一九四〇年に諸政党が解散して議会を政府の「傀儡と化する手段」(重光葵『昭和の動乱(下)』一七頁)である大政翼賛会が組織されたことで、政党内閣を可能とする基盤自体が失われた。

東條英機は、第二次大戦敗戦の原因について、「根本は不統制が原因である。一国の運命を預るべき総理大臣が、軍の統帥に関与する権限のないような国柄で、戦争に勝つわけがない……自分がミッドウェーの敗戦を知らされたのは、一ヶ月以上後のことであって、その詳細に至っては遂に知らされなかった。かくの如くして、最後まで作戦上の完全な統一は実現されなかった」と述懐している(重光『昭和の動乱(下)』一五一―一五二頁)。戦争権限を含めて、国家権力の行使を統合する制度的基盤が欠けていたことを示している。海空軍の主力を失った以上、戦線を後退させ、建て直すことが急務であったにもかかわらず、海軍はそれを行わなかった。そもそも、彼我の戦争遂行能力の冷静な分析が欠如していたことは言うまでもない。

2　日本国憲法の成立

(1) 憲法成立の経緯

一九四五年七月二六日、米英中の三カ国は日本に対して戦争終結の条件を示すポツダム宣言を公表した。同宣言は、その一〇項後段で「日本国政府は日本国国民の間に於ける民主主義的傾向の復活強化に対する一切の障礙《しょうがい》を除去すべし。言論、宗教及思想の自由並に基本的人権の尊重は確立せらるべし」とし、また一二項では「日本国国民の自由に表明せる意思に従ひ平和的傾向を有し、且責任ある政府が樹立せらるる」ことを連合国による占領軍撤収の条件としていた。なお、同宣言は八項で日本の主権(統治権)の及ぶ範囲を「本州、北海道、九州及四国並に吾等の決定する諸小島に局限せらるべし」としており、その内容は日本国との平和条約二条で具体化されている。
一九四五年八月一四日に日本政府はポツダム宣言を受諾し、それは同年九月二日に署名された**降伏文書**で確認された。同文書により、日本政府は日本軍の無条件降伏を布告し、ポツダム宣言の条項を誠実に履行することを約束した。ただ、同宣言の各条項を実現する上で、大日本帝国憲法の改正が必要か否かにつき、少なくとも敗戦直後に成立した東久邇宮内閣では、否定的見解が強かった。「国体護持」をうたってかろうじて「終戦」に踏み切った直後であるだけに、憲法の改正を言い出しにくい情勢であったことにもよると思われる。もっとも昭和天皇自身は一九四五年九月二一日に、木戸幸一内大臣に対し、憲法改正着手の必要性について指示をしていた。

他方、連合国軍最高司令官のダグラス・マッカーサーは、一九四五年一〇月四日、東久邇内閣の国務大臣であった近衛文麿に対し、さらに一〇月九日に成立した幣原内閣の首相、幣原喜重郎に対して、ポツダム宣言実施のためには憲法改正が必要であることを示唆した。

これを受けて幣原内閣は、一九四五年一〇月二五日、松本烝治《じょうじ》国務大臣を長とする憲法問題調査委員会（通称「松本委員会」）を発足させた。同委員会は憲法改正について消極的であり、最終的にまとめた「松本案」と言われる改正草案も、天皇主権を維持し、国会に対し責任を負わない枢密院を残し、国民の権利保障についても法律の留保を設ける(つまり、法律の根拠があれば権利を制限することができる)など、保守的な内容のものであった。

連合国軍総司令部は、憲法改正は必要としながらも、改正は日本政府のイニシアティヴで進められるべきものとの態度をとっていたが、一九四六年二月三日、マッカーサーは、総司令部が独自に改正草案を作成し、これを日本側に提示すべきだとの立場をとるにいたる。この方針転換の背景には以下の二つの事情があったと考えられる。

第一に、アメリカ軍を中心とする総司令部による日本の占領統治をコントロールするための国際機関である極東委員会が発足する前に(第一回会合は一九四六年二月二六日)憲法の改正を進めるべきだとの考慮が働いたと考えられる。一九四五年一二月二七日に公表された連合国間のモスクワ協定により、憲法改正については、極東委員会での合意が必要とされていた。極東委員会の構成国の中には、日本政府が反動的であると考え、天皇を戦犯として裁くべきだとの意向を持つ国も含まれていた。

第二に、毎日新聞による「松本案」のスクープという全くの偶然事も総司令部の方針転換の背景にあったと考えられる。松本委員会の審議内容は秘密とされ、総司令部もその内容については知らされていなかったが、一九四六年二月一日、毎日新聞が「松本案」のスクープ記事を掲載した。実際には、毎日新聞が記事としてとり上げたのは、委員会の最終案ではなく、それよりは進歩的な内容の(軍の統帥権・編制権を明確に削除することとしていた)「宮沢甲案」と呼ばれるものであったが、それでも統治権の行使者としての天皇の地位を維持するなど、総司令部の予想よりはるかに保守的なものであった。マッカーサーは、総司令部独自にポツダム宣言の内容に合致する草案を作成し、日本政府に提示して、政府がその案に沿った形で改正を進めることが望ましいと考えた。

マッカーサーは、二月三日、総司令部のスタッフに憲法草案の起草を命じ、その際、草案に必ず盛り込むべき原則として、①天皇制の存続、②戦争放棄、戦力の不保持、交戦権の否認、③封建制度の廃止と貴族制度の改革の三点を示した(「マッカーサー・ノート」)。総司令部は二月一三日、吉田茂外相官邸での会談において、総司令部案を日本政府に手交した。

事態の急転に驚いた日本政府は、しかし総司令部案を基礎として改正を行うことを受け入れ、総司令部案にかなりの修正を加えた三月二日案を作成する。さらに、総司令部との折衝を経て、三月六日に憲法改正草案要綱を閣議決定し、同日の午後五時に公表した。公表にあたっての幣原首相の謹話は、「ここに政府は連合国総司令部との緊密なる連絡の下に憲法改正草案の要綱を発表する次第であります」と述べている。また、三月八日の朝日新聞論説は、「われわれはこの草案をもって、国民が論議研究するに足りる高い価値を持っていることを断言し得る。これは幣原内閣単独の力のよく為し得るところではなく、おそらく連合軍最高司令部なかんづくアメリカの強力な助言が役立っていると見るべきである」としており、総司令部の関与の可能性は公然たる議論の対象となっていた(佐藤達夫『日本国憲法成立史』第三巻一〇二—一〇三頁)。

四月一〇日に衆議院議員の総選挙が施行され、最後の帝国議会の衆議院議員が選出された。政府の憲法草案は、枢密院での審議を経た後、六月二五日に衆議院本会議に上程され、衆議院で約二カ月、貴族院で約一カ月半にわたる審議を経た後、一〇月七日に最終的に議決され、枢密院での審議、天皇の裁可を経て、一一月三日に公布された。施行は、憲法一〇〇条の定める通り、公布後六カ月を経た一九四七年五月三日である。吉田首相は、憲法改正の提案理由の演説で、ポツダム宣言一〇項および一二項の要請からして「何と致しましても国家の基本法たる憲法の改正が要諦と考へるのであります」と述べている。

帝国議会での審議の過程で、憲法草案に数々の修正が加えられている。「国民の至高の総意」という遠回しの文言は「主権の存する日本国民」と明瞭化され、内閣総理大臣が国会議員の中から選ばれることも明文化された。また、内閣総理大臣による国務大臣の任命について、国会の承認を要するとする文言は削除された。後述するように、九条二項の冒頭には、「前項の目的を達するため」という文言が加えられ、それを受けた極東委員会の要請にもとづいて、六六条二項の文民条項が追加された。二五条一項の生存権の規定も、帝国議会での審議の過程で加えられたものである。審議の過程で最大の争点となったのは、皇室財産に関する現在の八八条であったと言われている。

(2)「押しつけ憲法」論

日本国憲法については、その成立の経緯から、押しつけ憲法であるとの否定的な評価が加えられることがある。しかし、帝国議会でも活発な議論が行われ、先に紹介したものをはじめ、数多くの修正が加えられている。少なくとも、ソ連の影響下にあった旧東欧諸国の憲法ほどの典型的な押しつけ憲法ではなかったと考えるべきであろう。

そもそも「押しつけ憲法 imposed constitution」という概念は、憲法制定権力が国民にあることを前提として、国民の自律的な意思決定なく成立した憲法を否定的に性格づけるべく用いられる概念である。こうした意味では、大日本帝国憲法をはじめとする君主制原理にもとづく憲法も、すべて押しつけ憲法である。また、およそすべての国民(有権者)がこぞって制定に賛成する憲法がこの世にあるはずもなく、何十年も前の国民(の多く)が制定に賛成した憲法を現在の国民(の多く)が是認しているか否かも明らかではない。また、憲法の要点は道徳的に許容し得る範囲内で、現実に国政運営の統御に役立つことにあるとの観点から、成立の経緯のみに着目する憲法制定権力という概念に、憲法の正当性を検討する上でどれほどの意義があるか、疑念を提起する見解もある。さまざまな論点、さまざまな局面を切り分ける冷静な分析が必要である。

(3) 憲法成立の法理――八月革命説

日本国憲法については、その成立の経緯に加えて、成立の法理が議論の対象となっている。日本国憲法の上諭は、同憲法が大日本帝国憲法の改正手続を踏まえて成立したものであると述べる。他方で、憲法の前文は、主権者たる日本国民が「この憲法を確定する」と宣言する。そもそも天皇主権を基礎とする大日本帝国憲法を、それ自体の定める改正手続を踏んだからとはいえ、天皇主権と全く対立する国民主権を基礎とする新憲法へと変革することが認められるものであろうか。

この疑問に対する一つの回答として提示されたのが、憲法学者の宮沢俊義による八月革命説である。宮沢によると、ポツダム宣言一〇項および一二項は主権、つまり国の政治のあり方を最終的に決める権威が天皇から国民へと移転することを要求しており、この要求を受諾した時点で、日本の法体系はその根本原理が転換した。別の言い方をするなら、法的意味での革命が発生した。主権原理の転換は、憲法自体の内容の変革をもたらす。大日本帝国憲法の内容は、国民主権原理と両立しない限度でその効力を失い、国民主権原理と両立し得る憲法としてその後は存立した。こうした法的革命後の大日本帝国憲法をその改正手続を経て改正し、日本国憲法へと改正することに法理論上の困難はない。

3 天皇制

(1) 日本国の象徴

憲法一条は、「天皇は、日本国の象徴であり日本国民統合の象徴であつて、この地位は、主権の存する日本国民の総意に基く」とする。象徴とは、抽象的な存在を表現する具体的なものをいう。ハトは平和の象徴であり、白百合の花は純潔の象徴とされる。

日本をはじめとする諸国家は、国民と呼ばれる人々の集合体が一体として行動するものとみなすという約束事の上に成り立つ抽象的な存在である。銀行や自動車会社のような株式会社と同様、国家も多くのメンバーから構成される法人である。国務大臣や裁判官、警察官等の職務にある具体的な人間の行動は、日本という国家の行動とみなされる。国家そのものは抽象的な約束事なので目には見えない。憲法は天皇がその抽象的な日本国を具体的な存在として象徴すると述べる。

もっとも、ある具体的なものが抽象的な存在の象徴であるか否かは、人々がそう考えるか否かという社会学的事実に依存する問題である。ハトが平和の象徴であるのは、人々がハトを見て平和のことを想起するからである。事実問題として人々がハトを見ても平和のことを想起しなくなれば、ハトは平和の象徴ではない。

同じように、天皇が日本国の象徴なのは、人々、とくに日本国民の大多数が天皇を日本国の象徴と考えるという事実があるからである。その事実が失われれば、憲法の規定がどうであれ、天皇は日本国の象徴ではなくなる。象徴としての地位が日本国民の総意に基づくとする憲法一条は、そうした当然の事理を述べている。

⑵ 国事行為・私的行為・公的行為

四条一項は「天皇は、この憲法の定める国事に関する行為のみを行ひ、国政に関する権能を有しない」とし、三条は「天皇の国事に関するすべての行為には、内閣の助言と承認を必要とし、内閣が、その責任を負ふ」と定める。「この憲法の定める国事に関する行為」は、六条および七条に限定的に列挙されている。

天皇については通常の私人と同様の私的行為も想定することができる。株の売買、銀行預金の出し入れ、学術研究のための図書や実験器具の購入などである。天皇は一般人であれば私的生活領域とされる場面においても、完全に自由ではない。憲法八条は「皇室に財産を譲り渡し、又は皇室が、財産を譲り受け、若しくは賜与することは、国会の議決に基かなければならない」とする。また、天皇は原則終身制であるため、職業選択の自由はなく、一般国民であれば「両性の合意のみに基いて成立する」はずの婚姻も自由ではない(皇室典範一〇条により皇室会議の議を経る必要がある)。

天皇には、憲法の列挙する国事行為、そして私的行為の他に、象徴としての公的行為を想定することができるという見解がある。ハトや白百合の花と異なり、天皇は人間の行為として理解可能なさまざまな行為をする。国会の開会式で「おことば」を述べ、外国の元首と親書を交換し、第二次大戦の激戦地におもむいて戦没者を慰霊し、大災害の被災地におもむいて被災者と懇談する。これらは、憲法の列挙する国事行為として理解することも、全くの私的行為として理解することも困難である。宮内庁を経て最終的には政府が責任を負うべき公的行為として理解すべきだとの見解である。多くの日本国民が天皇を日本国の象徴と考え続けていくには、天皇がこうした象徴としての数多くの公的行為を果たすことが必要となるであろう。

(3) 皇位の継承

憲法二条は、「皇位は、世襲のものであつて、国会の議決した皇室典範の定めるところにより、これを継承する」と定める。旧憲法二条は、「皇位ハ皇室典範ノ定ムル所ニ依リ皇男子孫之ヲ継承ス」としていた。旧憲法下の皇室典範は皇室が自律的に定める規範であって、帝国議会の議を経ることを要しないものとされていた(旧憲法七四条一項)。皇位の継承について一般国民および議会の干渉を許さないとする趣旨である。現憲法下の皇室典範は法律の一種であり、国会の議決によって修正される。もっとも、現在の皇室典範は現憲法一〇〇条二項の規定する立法措置として、一九四七年一月一六日に帝国議会の議を経て成立している。同様に現行憲法施行前に成立した法律としては、国会法、内閣法などがある。

4　九条と平和主義

(1) 不戦条約とグロティウス的戦争観

憲法九条一項は「国際紛争を解決する手段として」の戦争・武力の行使及び武力による威嚇を永久に放棄すると定める。二項は、「前項の目的を達するため、陸海空軍その他の戦力は、これを保持しない。国の交戦権は、これを認めない」と定める。

この条文は、日本語として一見して意味の明瞭な条文とは言いにくい。そもそも「国際紛争を解決する手段として」の放棄とは、何を意味しているのだろうか。

同じ文言は、フランスのブリアン外相とアメリカのケロッグ国務長官のイニシアティヴにより一九二八年に締結され発効した**パリ不戦条約**にも現れる。同条約には当初は一五カ国が調印し、後に六三カ国が参加した。同条約一条は「国際紛争解決ノ為戦争ニ訴フルコトヲ非ト」する。この条約が締結されるまでは、国際紛争、つまり国家間の紛争を解決する手段として戦争に訴えること、武力を行使したり武力によって威嚇したりすることは、違法ではなかった。一八五三年、ペリー提督が黒船を率いて来航し、武力の威嚇によって江戸幕府に開国を迫ったことも、当時の国際法の通念からすれば違法ではない。同様に一八七五年、明治政府が雲揚号を江華島水域に派遣して測量を行ない、朝鮮側から砲撃を受けたことを機に応戦して付近を占領した末、日朝修好条規の締結を迫ったことも、違法ではない。ペリーとよく似たことをしただけである。一八四六年、アメリカが債務の不払い等を理由としてメキシコに対して宣戦を布告し、結果としてカリフォルニア等、太平洋にいたる広大な領域を獲得したことも、やはり違法ではない。ペリー来航は、対メキシコ戦争を経てアメリカが太平洋に進出した、その帰結である。

不戦条約が否定しようとしたのは、当時のこうした国際法の「常識」であった。この「常識」の基礎を作ったのは、国際法の父と言われるグロティウスである。グロティウスは正戦論者であり、戦争に訴えるには正当な根拠が必要だと主張したと言われる。しかし、彼の正戦論は、少しばかり変わっている。彼によれば、戦争は決闘である。各国内の紛争と異なり、国家と国家の間の紛争について中立公平な裁判は期待できない。裁判に代替する紛争解決手段が決闘である。決闘はいずれが正しい当事者であるかを結果によって決める。つまり勝った方が正しい。

侵略目的の戦争は不当だとの意見は、昔からあった。しかし、侵略目的の不当な軍事行動か否かも、結局は、誰が戦争に勝つかで判断されることになる。ペリー来航によって日本が無理やり引きずり込まれたのは、そうした「力は正義なり」という世界である。

一九二八年の不戦条約が覆そうとしたのは、このグロティウス的戦争観である。国際紛争解決の手段として、戦争、武力の行使、武力による威嚇に訴えることは、もはや違法である。もっとも、あらゆる武力の行使が否定されたわけではない。条約の提案者の一人であるアメリカの国務長官ケロッグも、もともとの発案者の一人であったアメリカの法律家サーモン・レヴィンソンも、不戦条約が自衛権の行使を妨げるものではないと考えていた。一九三一年に勃発した満州事変に関して、日本がその軍事行動を自衛のための措置として正当化しようとしたのも、同様の理解を背景としている。なお、不戦条約批准にあたって田中義一内閣は、民政党による党派的な攻撃を受けて「人民の名に於て」とする条約の文言と国体との瑣末な整合性にこだわっておきながら、満蒙の権益を守るために日本が出兵することが自衛権行使にあたるか否かという枢要な問題を各国間で詰めなかったことが指摘されている(加藤陽子『昭和天皇と戦争の世紀』二〇七—二一一頁)。

今や、国際紛争の解決のためには平和的手段のみが認められる(不戦条約二条)。条約の定める義務の履行を求めるために武力に訴えることも許されず、武力による威嚇を背景として条約締結を迫ることもできない。非交戦国にも厳正中立な行動がつねに期待されるわけではない。明白な侵略国家に対しては、経済制裁を下すことも認められる。戦争に訴えることに「正当な理由」があるか否かは、戦争の結果から逆算して判断されるわけではない(ことになる)。侵略国家の指導者は国際軍事法廷で、平和に対する罪を犯した責任を追及される。いずれも、ドイツや日本がその後、思い知らされることとなった国際法の根本的な変容である。

国際紛争解決の手段としての戦争を禁止する不戦条約の文言を受けた日本国憲法九条一項も、同じ趣旨の条文であり、禁止の対象を武力による威嚇と武力の行使へと文言上も明確に拡大したものである。「戦力 war potential」の保持を禁ずる二項前段も、「決闘」としての戦争を遂行する能力の保持を禁ずるものと理解するのが素直であるし(「決闘」に勝利するには限りなき軍拡が求められる)、「国の交戦権」を否定する二項後段も、政府が一九五四年以来、一貫して有権解釈として主張してきたような、交戦国に認められる諸権利の否定ではなく、紛争解決の手段として戦争に訴える権利(正当原因)はおよそ存在しない、という趣旨に受け取る方が筋が通るであろう。一項と二項を分断した上で「戦力」「交戦権」など個別の概念に分解して解釈する手法は、条文全体の趣旨を分かりにくくする。

(2) 個別的自衛権の行使

九条の下では、個別的自衛権の行使も含め、一切の武力の行使が禁じられているとの見解もある。マッカーサー自身、当初は、アメリカが唯一の核兵器保有国であり、かつ沖縄に膨大な米軍基地を保有し続けることを前提として、日本本土の完全な非武装を想定していたと見られている(加藤『昭和天皇と戦争の世紀』四〇八頁)。しかし、日本政府および総司令部の理解は、当時においても、完全非武装で一貫していたわけではなかった。

政府が日本国憲法の公布と同じ日に刊行した『新憲法の解説』は、「戦争の放棄」に関する解説部分で、「日本が国際連合に加入する場合を考えるならば、国際連合憲章第五一条には、明らかに自衛権を認めている」とし、「自己防衛」の方法がなくなるわけではないとする。ここで九条の下でも認められると政府が述べる「自衛権」は、「自己防衛」のための自衛権、つまり「個別的自衛権」を指している。

帝国議会での憲法草案の審議過程で、九条二項の冒頭に「前項の目的を達するため」という文言が加えられた。この修正を提案した芦田均氏は、提案時にはその趣旨を明らかにしなかったが、憲法の公布時以降、九条では自衛のための武力の行使が認められることがこの修正によって明確になったとの主張を展開した。総司令部内でも、この修正が自衛のための実力組織の保持を認める趣旨のものであるとの理解があったことが伝えられている。極東委員会は、この修正後、現在の憲法六六条二項のいわゆる文民条項を憲法に組み入れることを強く主張し、その意向を受けて、貴族院の審議過程で修正が行われている。この極東委員会の要求も、本修正が自衛権の行使を認めるものとの理解を前提にしているものと考えられる(高柳賢三ほか編『日本国憲法制定の過程Ⅱ』一四〇―一四二頁)。

(3) 日米安全保障条約

一九五一年九月八日に四八の連合国と日本とが署名し、一九五二年四月二八日に発効した**日本国との平和条約**によって、日本とこれらの連合国との戦争は終結した。この条約によって日本の主権が認められ(一条)、日本が朝鮮・台湾等に対する権利を放棄すること(二条)、沖縄・小笠原諸島等がアメリカの信託統治の下に置かれること(三条)、日本が極東国際軍事裁判所の裁判などの戦争犯罪法廷の裁判を受諾すること(一一条)などが定められた。同条約六条は、この条約の発効後なるべくすみやかに、連合国のすべての占領軍が日本から撤退すべきことを定めているが、日本と他国との協定にもとづいて外国軍隊が日本に駐留することは妨げないとする。この規定を受けて同日に署名され、同日に発効したのが日本国とアメリカ合衆国との間の安全保障条約(旧安保条約)である。

旧安保条約は、駐留軍の使用目的を極東の平和の維持への寄与と外部からの武力攻撃(外部からの干渉による内乱を含む)に対する日本の安全への寄与と規定していた。その後、これに代わるものとして、**日本国とアメリカ合衆国との間の相互協力及び安全保障条約**が一九六〇年一月一九日に署名され、同年六月二三日に発効した(新安保条約)。同条約五条は、日本国の施政下にある領域における、いずれかの締約国に対する武力攻撃に対して、それぞれの憲法上の規定及び手続にしたがって共通の危険に対処するように行動することを宣言する。駐留軍が極東の平和の維持に寄与するとの極東条項は維持されたが、交換公文によって、軍の配置・装備の重要な変更や戦闘作戦行動のための日本国内の施設・区域の使用は、日米両国間の事前協議の対象となるとされている。また、内乱に関する規定は削除された。

五条にいう「憲法上の規定」として重要なのは、日本では九条である。歴代の政府は九条の下においても日本に対する直接の武力攻撃に対処するための個別的自衛権の行使は認められるとしつつ、集団的自衛権の行使は認められないとし、後者を認めるには憲法自体の改正が必要だと主張してきた。しかし、二〇一四年七月、安倍内閣は閣議決定において集団的自衛権の行使が部分的に許容されるとした。この解釈変更については、その理論的根拠があやふやであるだけでなく、変更の結果としていかなる場合に武力の行使が認められることとなったのか、その外延がきわめて不明瞭であり、多方面から批判を浴びている。

他方、アメリカ合衆国憲法の規定として重要なのは、「戦争を宣言する declare War」ことを連邦議会の権限とする一編八節一一項である。これは、いわゆる宣戦布告を意味するものではなく、「戦争」と言い得る規模の武力の行使に連邦議会の議決を必要とする規定として理解されている。このため、北大西洋条約機構等の相互安全保障条約と同様、日米安全保障条約においても、日本に対する武力攻撃があった場合にアメリカが武力をもって対処することが義務づけられているわけではない(自動執行性はない)というのが、アメリカ合衆国政府の確固たる有権解釈である。

5　国民の権利および義務

(1) 近代立憲主義と基本権保障

日本国憲法の基本権条項は、リベラル・デモクラシー諸国の憲法に広く見られる個人レベルの消極的自由、つまり思想・良心の自由(一九条)、表現の自由(二一条)、信教の自由(二〇条)、人身の自由(一八条・三一条等)、財産権(二九条)、職業選択の自由(二二条)等だけではなく、労働者の団結権・団体行動権(二八条)や健康で文化的な最低限度の生活の権利(二五条)、子どもの教育を受ける権利(二六条)等の社会権も広く保障する点に特徴がある。

一三条は、すべての国民が個人として尊重されること、生命・自由および幸福追求に対する国民の権利が、立法その他の国政の上で、最大の尊重を必要とすると規定する。国政は公共の福祉、つまり社会全体の中長期的な利益の実現を目的とする。しかし、国政は同時に、何が自分にとっての幸福であるかを国民それぞれが個人として判断し、その判断に基づいて自分の人生を自由に生きることを前提とする。多様な価値観・世界観が並存し、対立・競合する近代以降の世界では、政府の役割は、多様な価値観・世界観を抱く人々が、公平に共存し、人間らしい暮らしを送ることのできる基盤を整備することに限定される。日本国憲法を支えているのも、こうした近代立憲主義の理念である。

大日本帝国憲法下での臣民の権利と異なり、現憲法の保障する基本権は、法律の制定権者たる国会をも拘束する。法律を含めて、国家行為が憲法に適合するか否かを最終的に判断するのは、最高裁判所である(八一条)。

個々の基本権保障の内容やその具体的事例等の説明は、憲法の教科書類に譲ることとしたい。また、違憲審査の局面における基本権の役割については、7-(1)で説明する。ここでは、周縁的であるかに見えながら、憲法による基本権保障の意義をあぶり出す論点として、天皇の基本権と外国人の基本権について説明し、さらに基本権の限界と制約に関する判断の枠組みについて説明する。

(2) 天皇および皇族と基本権

3-(2)で説明したように、天皇および皇族は、私的な生活領域において基本権が十全に保障されているとは言いがたい。選挙権がないことはもとより、思想の自由や表現の自由があるかさえ、あやふやである。この事態を、天皇や皇族にも基本権は保障されているのだが、その特殊な職務と地位に伴う制約として説明する仕方がある一方、天皇や皇族にはそもそも基本権が保障されていないという議論もある。

すべての国民に平等に基本権を保障する近代国家は、それ以前の封建制秩序を市民革命が破壊することで生まれた。封建制秩序では、各人は属する身分や団体によって異なる特権と義務とを認められていた。日本国憲法も近代国家の近代憲法である。すべての国民に平等に基本権を保障する(一一条、一四条)。しかし、日本国憲法はこの近代憲法の論理を貫徹せず、天皇制という封建制の「飛び地」を残した。残された「飛び地」の中に棲む天皇と皇族には、その属する身分固有の特権と義務のみがある。国民一般に保障される基本権は享有しない。天皇や皇族に基本権が保障されないのは、そのためである。

(3) 外国人と基本権

他方、最高裁の判例は、憲法の規定する基本的人権の保障は「権利の性質上日本国民のみをその対象としていると解されるものを除き、わが国に在留する外国人に対しても等しく及ぶ」とする(一九七八年一〇月四日大法廷判決〔マクリーン事件判決〕)。しかし、同じ判決で最高裁は、外国人は「わが国に入国する自由を保障されているものでないことはもちろん」わが国に「引き続き在留することを要求しうる権利を保障されているものでもない」とする。したがって、保障されている基本権(本件原告の場合は二一条の定める集会の自由)を行使した場合、その行使をもって在留許可を更新しない理由とされても、その処分は違法とはいえないというのが、最高裁の結論である。基本権が保障されているのは認められた在留期間内だけで、しかも保障された基本権を行使したことを理由に在留期間の延長を認めないこととしても違法ではない。これでは結局のところ、外国人には基本権は保障されていないのと同じではなかろうか。

こうした結論は受け入れがたいというのが一つの立場であろう。受け入れられないでもないという立場もあり得る。地球上のすべての人に基本権が十分保障される状態が目指すべき状態であろう。そうした状態はどのようにすれば実現できるであろうか。各国政府がそれぞれ、すべての人類の基本権が十分保障されるよう可能な限り努力すべきだという考え方もあるだろう。しかし、各国政府はそれぞれ自国民の基本権が十分保障される状態を目指すべきだという考え方もある。一種の国際的な役割分担である。こうした役割分担を通じて、すべての人類の基本権が十分保障される状態に近づいていくことができる。各国は自国民の基本権のみを保障し、外国人の基本権の保障は、当該外国人の属する国家の政府に委ねるべきである、という考え方である。

もっとも、こうした議論は、自国民の基本権の保障に努める国家についてしか通用しない。自国民の基本権を省みず、かえって虐待や虐殺をする国家の国民については、外国人だからといってその基本権の保障を日本国内において拒む理由はない。

(4) 基本権の限界と制約

基本権が保障されることは、基本権に限界がないとか基本権は決して制約されることがないことを意味しない。かつては基本権の限界については、宮沢俊義の提唱する一元的内在制約説が標準的な見解とされていた(たとえば、芦部信喜『憲法』六章一-2)。この説は、基本権の制約の根拠となるのは、それと対立する他者の基本権でしかあり得ないという考え方を出発点としつつ、基本権相互の矛盾・衝突を調整するための実質的公平の原理である「公共の福祉」(一二条、一三条参照)が、すべての基本権に内在する一般的な制約根拠となると主張する。

ただこの見解については、①基本権が何らかの制約を受ける場合、その根拠となるものをすべて基本権と考えることには無理がある(立て看板を使って表現する自由を街の美観を理由に制約するとき、街の美観も基本権なのか)、②そうした考え方は、あらゆるものを基本権に変換してしまい、基本権のインフレと価値低下を招くのではないか等の批判を受け、現在ではもはや、標準的な見解とは考えられていない。

現在では、①各基本権はそもそも保護する範囲が限られている（たとえば、職業選択の自由は窃盗の自由や詐欺の自由を保護していないし、表現の自由はわいせつ表現の自由や他人の名誉を毀損する自由を保護していない）、②保護された基本権が制約されている場合も、その制約が目的に照らして十分な根拠に基づいており、かつ、均衡のとれた手段として正当化されるのであれば、憲法違反とはならないという考え方が、日本のみならず、世界各国で広く受け入れられている。

6 国会と内閣

(1) 議院内閣制

民主的な政治体制は、議院内閣制と大統領制とに大きく区分される。近年では、有権者の直接公選で選出される大統領に加え、議会に対して政治責任を負う政府も備えた半大統領制と言われる政治体制をとる国家も増えてきた。フランス、フィンランド、アイルランド等のほか、ポーランド、ロシア等の中東欧諸国、大韓民国、台湾等のアジア諸国もそうである。

日本は議院内閣制を採用する。国会が国会議員の中から内閣総理大臣(首相)を指名する(六七条)。任命するのは天皇であるが(六条)、天皇には政治的権能がないので(四条)、自身の判断で首相を任命することはできない。国会の指名する者を自動的に任命するだけである。国会の指名を受けた首相は、他の国務大臣を任命して内閣を組織する(六八条)。国会が指名する首相は、国会(通常は衆参両院)の多数派の支持を得ているはずである。国会の多数派も首相の政策を支持したからこそ、彼(女)を指名するのであろう。その首相の任命した大臣によって構成された内閣は、当然、国会の多数派の支持を得ているはずである。

行政権の中核にある内閣は(六五条参照)、その政策を実現するための法案や予算案を用意し、唯一の立法機関たる国会(四一条参照)に提案する。基本的には内閣を支持しているはずの多数派であるから、内閣の提案した法案や予算案は、通常はとどこおりなく可決・成立する。

憲法四三条は国会議員が「全国民を代表する」と定める。いずれの選挙区から選出されたかを問わず、国民全体の中長期的な利益の実現を目指して国会議員としての職責を果たすべきだとの規定である。自分を支持してくれる特定の利益団体の利害や自分の出身選挙区の利害に配慮してはならないというわけではない。しかし、日本国内には多種多様な利益団体があり、多種多様な地域がある。すべての団体、すべての地域の利益を同様に実現することは不可能である。それぞれの利害を持ち寄った上で、日本全体の利益につながる政策は何か、それを見極めた上で、行動すべきだという話である。

利益の実現と欲求の実現は、厳密には異なる。何かを実現したいという欲求は、なぜそれを実現したいのかという理由によって支えられている。理由もなくただ欲求するのは、病理現象である。国会議員も有権者も、どのような政策を実現すべきか、それを判断するにあたっては、その政策を支える理由に着目する必要がある。その理由は、ときには緊急の必要に応ずるための措置であることもあろう。しかし何より国民全体の中長期的な利益をゆるがせにしない範囲内での理由でなければならない。

民主政治が良好に機能するためには、国民全体の中長期的な利益を勘案した政治的判断を、政治家も有権者も行うことが出発点となる。それは簡単なことではない。自分や家族や仲間うちだけの狭い利益ではなく、社会全体にわたる中長期的な利益に配慮するには、それなりの努力が必要となる。

(2) 投票価値の較差と参議院選挙区の合区

国会議員の熟慮に基づく審議を促す工夫の一つとして、国会は衆議院と参議院との二院から構成されている(四二条)。そのうち参議院議員は、全国を通じた比例代表制度で選出される議員と選挙区ごとに選出される議員からなる(公職選挙法四条二項)。このうち、選挙区選出議員の選挙区は、長年にわたって都道府県を単位として定められてきた。しかし、参議院議員の全体数が限定されている条件下で、人口の少ない県についても三年ごとに半数改選される通常選挙(四六条)で必ず一人の議員を割り当てると、人口の多い他の都道府県との間で投票価値の較差が広がってしまう。憲法一四条の要請に従って較差を縮小するため、鳥取と島根、徳島と高知について二県で一選挙区とする合区が二〇一五年に実現した。

県ごとの参議院議員が必要であり、合区は解消されるべきだとの主張も見られるが、そもそも国会議員はすべて全国民の代表である。また、都道府県は国会の定める法律によって設置改廃される存在にすぎない(地方自治法六条一項)。他方で、自民党をはじめとして、現在の都道府県に代えて、道州制を導入すべきだと主張する政党もある。合区が是が非でも解消すべき問題といえるか、それならなぜ道州制の導入を同時に主張するのか、冷静な検討と判断が必要である。

(3) 衆議院の解散

憲法六九条は、衆議院が内閣を信任しない旨の議決をした場合には、衆議院が解散され得ることを規定している。他方、憲法七条三号は「衆議院を解散すること」を天皇の国事行為とする。しかし天皇は「国政に関する権能を有しない」(四条一項)ため、天皇自身に衆議院の解散を決定する権限はないはずである。憲法の規定上は、誰に衆議院の解散を決定する権限があるのかが明らかでない。

この問題については論争が繰り広げられてきたが、現在では合議体としての内閣に解散の決定権があると考えられており、実務上もそのように運用されている。また、衆議院が解散されるのは六九条所定の場合、つまり衆議院が内閣を信任しない旨の議決をした場合に限られないものとして、多くの解散が行われてきた。

国政上の重要問題について民意を確かめるには、内閣に自由な解散権行使を認めるべきだとの意見もあるが、実際上は、解散は政府・与党にとって都合のよい時期に総選挙を行うための手段として行われてきたとの観察もある。

諸外国の例を見ると、必ずしも政府に自由な解散権が認められているわけではなく、憲法によって解散権の行使が厳しく限定されている国も多い。ドイツ基本法六八条によれば、連邦宰相の在任中に連邦議会が解散されるのは、信任を求める連邦宰相の動議が連邦議会議員の過半数の同意を得られないときに限られ、しかも連邦議会議員の過半数によって新たな連邦宰相が選挙されたときは、この解散権は消滅する。議院内閣制の母国であるイギリスでは、二〇一一年九月一五日に成立した立法期固定法(The Fixed-term Parliaments Act)により、庶民院議員の五年の任期中は、原則として解散はされないこととなった。議院内閣制である以上は、内閣あるいは首相に自由に議会を解散する権限が認められるとの議論は、説得力を失いつつある。

(4) 緊急事態

憲法五四条二項は、衆議院が解散されたときに、緊急の必要が生じたときは、内閣は参議院の緊急集会を求めることができるとする。これ以外にも、緊急の事態に対応する制度の創設が必要ではないかとの議論が提起されることがある。

総司令部案では、内閣の制定する命令および規則には「罰則を設けてはならない」とされていたが、日本政府との折衝を通じて、法律の委任がある場合には罰則を設けることができるよう改められた（七三条六号ただし書き）。この修正は、国会の閉会中に緊急の事態が起こった場合に対処し得るよう、内閣が法律に代わる命令を発することができるよう日本側が提案したところ（旧憲法八条に相当する規定）、あらかじめ幅の広い委任立法をすることで対処すれば足りるとの回答が総司令部側からあり、そうであれば刑罰規定を委任すべき場合も考えられると日本側が述べたところ、それが容れられたものである。

帝国議会の審議において金森徳次郎国務大臣は、旧憲法八条・七〇条が予定していた「財政上の緊急措置或《あるい》は緊急勅令とか云うものは、ないことが望ましい」とし、「我々過去何十年の日本のこの立憲政治の経験に徴しまして、間髪を待てないと云う程の急務はない」として、緊急の措置をとるとしても、臨時に議会を召集する、衆議院が解散されている場合には参議院の緊急集会をもって暫定的に代える、さらには非常の場合に対処する臨時措置の規定を必要な法律に編入する等の手段に訴えることで解決可能との見通しを示していた。現在においても、あてはまるところがあるように思われる。

7　裁判所

(1) 法の権威と基本権の役割

憲法七六条一項は、司法権は裁判所に属すると定める。司法とは、法に基づいて具体的な紛争を解決する作用である。その場合の法は、典型的には法律である。法律は世にたくさんある。道路交通法も法律である。道路交通法は、自動車を運転するときは、道路の左側を通るよう定めている(一七条四項)。つまり、道路の左側を通るか右側を通るか、自分で判断しないで、法律の定めるとおりに行動するようにと言っている。

このように、法律は(典型的には)人に対して、自分で判断するのはやめて法律の定めるとおりに行動せよと主張するものである。このことを指して、法律は「権威 authority」であると主張する、と言われる。

人は本来、どう行動するかは自分で判断して自分で決めるものであろう。しかし、そうするなと法律は主張する。なぜかといえば、法律の定めに従って行動した方が、各人が本来すべきことをより良くすることができるから、それが理由である。自分で判断するのはやめて、道路交通法の定めるように、みんなが左側を通行するようにすれば、事故を起こすこともなく、スムーズかつ安全に自動車を運行することができる。それがあなたが本来すべきことだ、というわけである。

だから、紛争が起こったときも、裁判所は法律の定めにしたがって裁定する。あなたが本来すべきなのは、法律の定めのとおりなのですから、というわけである。

ところが、ときには法律の定めのとおりにすることが、人として本来すべきことにそぐわないこともある。そうした場合、裁判官がまず試みるのは、条文を解釈することである。法律を制定した人(国会)が想定した状況とは異なる状況が生じたとすれば、条文をそのまま機械的に当てはめるわけにはいかない。例外的な状況だからという理由で機械的な適用はしないという工夫がなされる。

しかし、そうした解釈の試みが通用しない場合もある。そのときに、裁判官が最後に頼るのは、憲法第三章の基本権条項である。この法律はこれ以上、解釈の余地がない。しかしこの当事者にこの法律を適用して処罰するのは、あまりに酷ではないか。そうした場合には、基本権条項に訴えかけることで、法律の権威主張を解除する必要がある。言い換えるなら、本来の人としての立場、自分ですべきことは何かを自分で考え判断する立場に、裁判官が立ち戻るための手がかりとして、基本権条項は働いている。

(2) 裁判官の良心と裁判員制度

こうした問題は、憲法七六条三項が、裁判官を拘束するものとして、「憲法及び法律」の他に、裁判官自身の「良心」を挙げていることをどのように理解するかということと関連する。この条文の理解としては、ここでいう「良心」とは「憲法及び法律」をはじめとする客観的法規範に従うべき義務を指すにとどまり、独自の意味を持たないという立場が広く支持を得ている。しかし、この文言をどう理解するかはともかく、具体的な紛争の裁定にあたる裁判官が、ときに人としての判断に立ち返るべき場面があることは否定しがたい。裁判官の職にあることは、人であることからの有給休暇を意味するわけではない。最後は人としての判断が問われる。

裁判官がその職責を適正に果たすには、裁判官の身分を保障する必要がある。裁判官もサラリーマンだからである。裁判官は内閣によって任命され(八〇条一項)、その給与は国会の議決する予算(八六条)から支払われる。そこで、いったん任命された裁判官は、その任期中は心身の故障のために職務を遂行できないとの裁判を下された場合以外は、国会議員によって構成される弾劾裁判所での弾劾裁判によらなければ罷免されない（六四条、七八条）。裁判官はすべて定期に相当額の報酬を受け、在任中は減額されることがない（八〇条二項）。

現在、裁判員の参加する刑事裁判に関する法律に基づき、一定の刑事裁判については、一般国民から無作為抽出で選ばれる裁判員が参加する刑事裁判制度が運用されている。この制度が導入された際、身分保障のある裁判官だからこそ公平で適正な刑事裁判ができるのであって、一般国民を参加させると、裁判の公平適正さが損なわれるとの議論があった。しかし、一般国民から無作為抽出で選ばれ、裁判が終わればまた元の一般国民に戻る裁判員であれば、政治部門から不当な圧力を受けるおそれがそもそもない。裁判官だからこそ、政治部門からの不当な圧力がないよう、身分を保障する必要がある。その理屈をわきまえる必要がある。

(3) 違憲判断の過少？

最高裁判所は、「一切の法律、命令、規則又は処分が憲法に適合するかしないかを決定する権限を有する終審裁判所である」（八一条）。しかし、国家行為を違憲とする判断がきわめて稀であるため、違憲審査機関として十分に機能していないのではないかとの指摘もあり、その原因と効果の分析が、海外の比較憲法研究者を含めて行なわれている。

背景事情としていろいろな点が指摘されている。①成立する法案の大部分を占める内閣提出法案は、事前に内閣法制局の綿密な審査を受けるため、日本では違憲の内容の法律がそもそも成立しにくい。②自民党の長期一党優位体制下では、センシティヴな政治問題に司法として独自の判断を示すことには消極的にならざるを得ない。③最高裁は、自身の主たる任務を個別の紛争解決にあると考えており、そのために必要不可欠な場合でなければ、憲法判断には踏み込もうとしない。④年間九〇〇〇件もの事件を抱える最高裁は忙しすぎる。違憲判断を下すために一五名の裁判官がそろう大法廷を開く時間的・心理的余裕がない、等々である。

他方で、二一世紀にはいって最高裁の憲法判断は活性化したと言われる。最高裁の発足以来、国会制定法を違憲と判断した例は一〇例あり、そのうち五例は二〇〇二年以降の二〇年足らずのうちに出されている。空知《そらち》太《ぶと》神社訴訟判決(二〇一〇年一月二〇日大法廷判決)やGPS捜査大法廷判決(二〇一七年三月一五日大法廷判決)のように、個別の処分を違憲とした例もある。

国家行為に対する違憲判断が多いこと自体に価値があるわけではない。個別の紛争が適切に解決されること、法秩序全体が良好に機能することにこそ意義がある。最高裁が直接に目指すべきなのも、こうした価値であり、違憲判断は一つの手段である。多ければ多いほど善いというわけではない。違憲判断をより多く出すこと自体を目的として最高裁が行動するとすれば、目的と手段とが転倒していると言わざるを得ないであろう。

かりに、最高裁の過度の多忙さが違憲審査機関としての機能低下を招いているのだとすれば、判例の統一を含めた上告審としての機能を切り出して、最高裁と現在の高等裁判所との間に設置される第三審裁判所にそれを託し、最高裁の役割を違憲審査権の行使に特化することも考えられる(宍戸常寿＝林知更編『総点検　日本国憲法の七〇年』二三九頁[宍戸常寿])。この制度改革に、憲法の改正は不要である。

8　制度の保障

日本国憲法は、基本権を保障し、民主的な政治体制や独立した裁判所による司法作用を定めるだけでなく、社会の中長期的利益を維持し実現するために、いくつかの制度をである。

憲法上、保障している。国を象徴する天皇を中核とする天皇制(第一章)、党派政治からの中立性を保つ官僚制(一五条二項)、大学の自治(二三条)、地方自治(第八章)等がそれである。

これらの制度は、それを担うメンバーが一定の心構え(エスプリ・ド・コール)を備えることを予定している。学術を究めそれを若い世代に伝えようとする熱意のある研究・教育者集団なくして、大学の自治はあり得ない。党派からの自律性を保ち、国民全体の中長期的利益に仕えようとする精神の欠けた官僚集団に存在意義はない。

地方自治についても、とかく自治体の規模や地方議会と長の関係など、法制度に着目した議論がなされがちであるが、地域住民の利益を自分たちの創意と工夫で実現しようとする長、職員、議員、住民の精神が失われれば、地方自治も単なる形式に堕する。必要な人的・財政的資源を準備することももちろん大切であるが、制度を支えるメンバーの精神を涵養することも肝心である。「地方自治は民主主義の学校」(ジェームズ・ブライス)と言われる所以もそこにある。

9　憲法の改正

近代憲法の多くは硬性憲法である。通常の法律よりも改正が難しい。改正手続を厳格化することで、憲法典に規定された社会の中長期的基本原則と、多数派と少数派が変転し離合集散することを通じて短期的な利害調整が行なわれる日常的な政治過程との間に距離を置くことができる。同時に、中長期的な基本原則を記し、細かな定めを法律以下の法令に委ねる憲法典が、状況の変転や緊急の必要に対応し得る柔軟性を備えることも忘れてはならない。

憲法九六条は、憲法を改正するには、国会の各議院の総議員の三分の二以上の賛成によって国会が改正を発議し、国民に提案してその承認を経なければならないとする。国民が承認するには、特別の国民投票または国会の定める選挙の際に行われる投票において、その過半数の賛成を必要とする。より具体的な改正手続は、国会法と日本国憲法の改正手続に関する法律が規定を置いている。

国会が憲法改正案を発議するにあたっては、原案の段階で「内容において関連する事項ごとに区分して行う」(国会法六八条の三)こととされている。たとえば、環境権を保障する条項の導入と憲法九条改正の提案とを抱き合わせで提案することはできない。

国民投票に向けて改正の賛否を有権者に訴えかける国民投票運動に関しては、テレビ広告の時間量等について賛否の立場の公平性を期すための規制を設けるべきではないかとの議論がある。表現の自由を保障するという観点から、規制を設けるべきではないとの意見がある一方、一般に国政に関して表現の自由が保障されるべきなのは、自由な表現活動が結果として公正な思想の自由競争をもたらすと期待されるからであり、公正な競争が到底期待できないと予想される場合にまで表現の自由の原則論を持ち込むべきではないとの意見もある。テレビ・ラジオに関する限りは、広告放送についても放送事業者の編集権の下にある以上、放送法四条一項の定める「政治的に公平であること」という責務が課されることになる(日本国憲法の改正手続に関する法律一〇四条参照)。

憲法に書き込まれているのは、日本社会が中長期的に守り続けるべき原理である。憲法を変えることを自己目的化すべきでない理由は、そこにもある。憲法を変えようというのであれば、変えることにどのような意味と効果があるか(ないか)、それをまず考える必要がある(たとえば、環境権を憲法に書き込むために国会の審議時間を費やしたり莫大なコストをかけて国民投票を実施しようとする前に、温室効果ガスの排出量を減らしたり、街の緑化を進めたりする具体的な施策に力を入れるべきではないか)。他方、法律の条文もそうであるが、憲法の条文も結局は人の思考と判断の補助手段である。条文を変えること自体に意味がないのと同様、条文の字面にこだわる条文フェティシズムも問題である。

「我々は憲法典、法律、裁判所に期待をかけすぎてはいないだろうか。それは偽りの期待である。自由は人々の心に生きる。人々の心の中で自由が死んだとき、憲法典も法律も裁判所も、全く助けにはならない」と、アメリカのラーニッド・ハンド判事は言う。政治学者のロバート・ダールは、「憲法のせいでアメリカの民主主義が維持されているという考えは明らかに逆立ちしている。我々の社会の本質が民主的であるからこそ、憲法典は維持されてきたのだ」と指摘する。

いかに行動するか、最後は個々人が自分で考え、自分で判断するしかない。生きるとはそういうことである。戦前の体制下において、天皇の命令に従うべきか否かが、憲法の条文のあり方や天皇機関説の当否に依存していたわけではなかったことと同じである。憲法典の意義とともに、その限界にも注意する必要がある。

〔参考文献〕

1　大日本帝国憲法の成立と運用

稲田正次『明治憲法成立史(上)(下)』(有斐閣、一九六〇年、一九六二年)

大日本帝国憲法の成立の経緯を膨大な史料を通じて通観する。

伊藤博文(宮沢俊義校注)『憲法義解』(岩波文庫、一九四〇年)

大日本帝国憲法の逐条解説。枢密院での草案審議の参考資料として配付されたものが土台となっている。著作者の名義は伊藤博文であるが、実質的な執筆者は井上毅と考えられている。

美濃部達吉『憲法撮要』(第五版)(有斐閣、一九三二年)

大日本帝国憲法の標準的な教科書。法理論としては君主制原理(天皇主権原理)と両立しない国家法人理論——統治権は法人たる国家に属し、天皇はその機関の一つにとどまる——に基づく説明がなされている。天皇機関説事件により一九三五年、発売頒布が禁止された。

重光葵『昭和の動乱(上)(下)』(中公文庫、二〇〇一年)
重光葵元外相が巣鴨の獄中で記した昭和の政治外交および戦争の記録。満州事変からミズーリ号上の降伏文書調印までを描く。

2　日本国憲法の成立(本節の参考文献は、九条をはじめとする他の節の参考文献としても有用である)

高柳賢三＝大友一郎＝田中英夫『日本国憲法制定の過程ⅠⅡ』(有斐閣、一九七二年)
総司令部関係の史料をもとに憲法制定の経緯を描く。

佐藤達夫(佐藤功補訂)『日本国憲法成立史(1)〜(4)』(有斐閣、一九六二年、一九六四年、一九九四年)
帝国議会での審議経過を含めた日本国憲法成立の経緯を日本側の視点から描く。

宮沢俊義『憲法の原理』(岩波書店、一九六七年)
八月革命説に関する「国民主権と天皇制」および「日本国憲法生誕の法理」を収める宮沢の論文集。

高見勝利編『あたらしい憲法のはなし　他二篇』(岩波現代文庫、二〇一三年)
一九四六年一一月三日に内閣が刊行した『新憲法の解説』を収める。

3 天皇制

奥平康弘『「萬世一系」の研究(上)(下)』(岩波現代文庫、二〇一七年)

身分制の「飛び地」の中に棲む天皇および皇族には「離脱の自由」が認められるべき旨を説く。皇位継承や退位のあり方を考える上でも参考になる。

加藤陽子『昭和天皇と戦争の世紀』(講談社学術文庫、二〇一八年)

昭和天皇の摂政時代から第二次大戦終結までの日本の政治史を国際情勢を背景としつつ実証的に俯瞰する。文庫判で加えられた補章はさらに、憲法制定過程を含む戦後の日本の政治史を平成の終わりまで、最新の史料に基づく研究成果を踏まえて描く。二つの憲法体制下の天皇制の機能と運用の理解についても重要な視角を提供する。

4 日本国憲法の諸論点

日本国憲法の標準的な教科書としては、芦部信喜『**憲法**』(第六版)(岩波書店、二〇一五年)などがある。近年の憲法上の論点に関する若手の研究者の論稿を集めたものとして、**宍戸常寿＝林知更編『総点検　日本国憲法の七〇年』**(岩波書店、二〇一八年)がある。

なお、解説でふれた論点に関連する筆者の著作として次のものがある。

君主制原理と国家法人理論については、「**大日本帝国憲法の成立——君主制原理の生成と展開**」拙著『憲法の論理』(有斐閣、二〇一七年)所収。

憲法制定権力概念の限界については、「**われら日本国民は、国会における代表者を通じて行動し、この憲法を確定する**」拙著『憲法の境界』(羽鳥書店、二〇〇九年)所収。

九条の思想的淵源については、「**国際紛争を解決する手段としての戦争の放棄**」阿部博友ほか編『ブラジルと日本からみた比較法——二宮正人先生古稀記念』(信山社、二〇一九年)所収。

外国人の人権については、「**「外国人の人権」に関する覚書**」拙著『憲法の理性』(増補新装版)(東京大学出版会、二〇一六年)所収。

裁判官の良心については、「**裁判官の良心・再訪**」拙著『憲法の円環』(岩波書店、二〇一三年)所収。

〔編集付記〕

一、「日本国憲法」「日本国との平和条約」「日米安全保障条約」には、条文見出しを付した。

一、二項以上から成っている条文で項番号の付いていないものには、番号を付した。

一、各法文書にはルビはふられていないが、読みやすさを考え、平仮名・現代仮名遣いによるルビをふった。

一、「ポツダム宣言」「降伏文書」は、外務省による訳文を用いたが、片仮名を平仮名にし、句読点を加えた。

（岩波文庫編集部）

読書子に寄す

――岩波文庫発刊に際して――

岩波茂雄

真理は万人によって求められることを自ら欲し、芸術は万人によって愛されることを自ら望む。かつては民を愚昧ならしめるために学芸が最も狭き堂宇に閉鎖されたことがあった。今や知識と美とを特権階級の独占より奪い返すことはつねに進取的なる民衆の切実なる要求である。岩波文庫はこの要求に応じそれに励まされて生まれた。それは生命ある不朽の書を少数者の書斎と研究室とより解放して街頭にくまなく立たしめ民衆に伍せしめるであろう。近時大量生産予約出版の流行を見る。その広告宣伝の狂態はしばらくおくも、後代にのこすと誇称する全集がその編集に万全の用意をなしたるか。千古の典籍の翻訳企図に敬虔の態度を欠かざりしか。さらに分売を許さず読者を繋縛して数十冊を強うるがごとき、はたしてその揚言する学芸解放のゆえんなりや。吾人は天下の名士の声に和してこれを推挙するに躊躇するものである。このときにあたって、岩波書店は自己の責務のいよいよ重大なるを思い、従来の方針の徹底を期するため、すでに十数年以前より志して来た計画を慎重審議この際断然実行することにした。吾人は範をかのレクラム文庫にとり、古今東西にわたって文芸・哲学・社会科学・自然科学等種類のいかんを問わず、いやしくも万人の必読すべき真に古典的価値ある書をきわめて簡易なる形式において逐次刊行し、あらゆる人間に須要なる生活向上の資料、生活批判の原理を提供せんと欲する。この文庫は予約出版の方法を排したるがゆえに、読者は自己の欲する時に自己の欲する書物を各個に自由に選択することができる。携帯に便にして価格の低きを最主とするがゆえに、外観を顧みざるも内容に至っては厳選最も力を尽くし、従来の岩波出版物の特色をますます発揮せしめようとする。この計画たるや世間の一時の投機的なるものと異なり、永遠の事業として吾人は微力を傾倒し、あらゆる犠牲を忍んで今後永久に継続発展せしめ、もって文庫の使命を遺憾なく果たさしめることを期する。芸術を愛し知識を求むる士の自ら進んでこの挙に参加し、希望と忠言とを寄せられることは吾人の熱望するところである。その性質上経済的には最も困難多きこの事業にあえて当たらんとする吾人の志を諒として、その達成のため世の読書子とのうるわしき共同を期待する。

昭和二年七月

日本国憲法《にほんこくけんぽう》

2019年 1 月16日　第 1 刷発行
2024年10月25日　第12刷発行

解説者　長谷部恭男《はせべやすお》

発行者　坂本政謙

発行所　株式会社　岩波書店
〒101-8002 東京都千代田区一ツ橋 2-5-5

案内 03-5210-4000　営業部 03-5210-4111
文庫編集部 03-5210-4051
https://www.iwanami.co.jp/

印刷・三秀舎　カバー・精興社　製本・中永製本

ISBN 978-4-00-340331-0　Printed in Japan

英文 日本国憲法

The Constitution of Japan

(Constitution of Nov. 3, 1946)

We, the Japanese people, acting through our duly elected representatives in the National Diet, determined that we shall secure for ourselves and our posterity the fruits of peaceful cooperation with all nations and the blessings of liberty throughout this land, and resolved that never again shall we be visited with the horrors of war through the action of government, do proclaim that sovereign power resides with the people and do firmly establish this Constitution. Government is a sacred trust of the people, the authority for which is derived from the people, the powers of which are exercised by the representatives of the people, and the benefits of which are enjoyed by the people. This is a universal principle of mankind upon which this Constitution is founded. We reject and revoke all constitutions, laws, ordinances, and rescripts in conflict herewith.

We, the Japanese people, desire peace for all time and are deeply conscious of the high ideals controlling human relationship, and we have determined to preserve

our security and existence, trusting in the justice and faith of the peace-loving peoples of the world. We desire to occupy an honored place in an international society striving for the preservation of peace, and the banishment of tyranny and slavery, oppression and intolerance for all time from the earth. We recognize that all peoples of the world have the right to live in peace, free from fear and want.

We believe that no nation is responsible to itself alone, but that laws of political morality are universal; and that obedience to such laws is incumbent upon all nations who would sustain their own sovereignty and justify their sovereign relationship with other nations.

We, the Japanese people, pledge our national honor to accomplish these high ideals and purposes with all our resources.

CHAPTER I. THE EMPEROR

Article 1. The Emperor shall be the symbol of the State and of the unity of the people, deriving his position from the will of the people with whom resides sovereign power.

Article 2. The Imperial Throne shall be dynastic and succeeded to in accordance with the Imperial House

Law passed by the Diet.

Article 3. The advice and approval of the Cabinet shall be required for all acts of the Emperor in matters of state, and the Cabinet shall be responsible therefor.

Article 4. The Emperor shall perform only such acts in matters of state as are provided for in this Constitution and he shall not have powers related to government.

The Emperor may delegate the performance of his acts in matters of state as may be provided by law.

Article 5. When, in accordance with the Imperial House Law, a Regency is established, the Regent shall perform his acts in matters of state in the Emperor's name. In this case, paragraph one of the preceding article will be applicable.

Article 6. The Emperor shall appoint the Prime Minister as designated by the Diet.

The Emperor shall appoint the Chief Judge of the Supreme Court as designated by the Cabinet.

Article 7. The Emperor, with the advice and approval of the Cabinet, shall perform the following acts in matters of state on behalf of the people:

Promulgation of amendments of the constitution, laws, cabinet orders and treaties.

Convocation of the Diet.

Dissolution of the House of Representatives.

Proclamation of general election of members of the Diet.

Attestation of the appointment and dismissal of Ministers of State and other officials as provided for by law, and of full powers and credentials of Ambassadors and Ministers.

Attestation of general and special amnesty, commutation of punishment, reprieve, and restoration of rights.

Awarding of honors.

Attestation of instruments of ratification and other diplomatic documents as provided for by law.

Receiving foreign ambassadors and ministers.

Performance of ceremonial functions.

Article 8. No property can be given to, or received by, the Imperial House, nor can any gifts be made therefrom, without the authorization of the Diet.

CHAPTER II. RENUNCIATION OF WAR

Article 9. Aspiring sincerely to an international peace based on justice and order, the Japanese people forever renounce war as a sovereign right of the nation and the

threat or use of force as means of settling international disputes.

In order to accomplish the aim of the preceding paragraph, land, sea, and air forces, as well as other war potential, will never be maintained. The right of belligerency of the state will not be recognized.

CHAPTER III. RIGHTS AND DUTIES OF THE PEOPLE

Article 10. The conditions necessary for being a Japanese national shall be determined by law.

Article 11. The people shall not be prevented from enjoying any of the fundamental human rights. These fundamental human rights guaranteed to the people by this Constitution shall be conferred upon the people of this and future generations as eternal and inviolate rights.

Article 12. The freedoms and rights guaranteed to the people by this Constitution shall be maintained by the constant endeavor of the people, who shall refrain from any abuse of these freedoms and rights and shall always be responsible for utilizing them for the public welfare.

Article 13. All of the people shall be respected as in-

dividuals. Their right to life, liberty, and the pursuit of happiness shall, to the extent that it does not interfere with the public welfare, be the supreme consideration in legislation and in other governmental affairs.

Article 14. All of the people are equal under the law and there shall be no discrimination in political, economic or social relations because of race, creed, sex, social status or family origin.

Peers and peerage shall not be recognized.

No privilege shall accompany any award of honor, decoration or any distinction, nor shall any such award be valid beyond the lifetime of the individual who now holds or hereafter may receive it.

Article 15. The people have the inalienable right to choose their public officials and to dismiss them.

All public officials are servants of the whole community and not of any group thereof.

Universal adult suffrage is guaranteed with regard to the election of public officials.

In all elections, secrecy of the ballot shall not be violated. A voter shall not be answerable, publicly or privately, for the choice he has made.

Article 16. Every person shall have the right of peaceful petition for the redress of damage, for the re-

moval of public officials, for the enactment, repeal or amendment of laws, ordinances or regulations and for other matters; nor shall any person be in any way discriminated against for sponsoring such a petition.

Article 17. Every person may sue for redress as provided by law from the State or a public entity, in case he has suffered damage through illegal act of any public official.

Article 18. No person shall be held in bondage of any kind. Involuntary servitude, except as punishment for crime, is prohibited.

Article 19. Freedom of thought and conscience shall not be violated.

Article 20. Freedom of religion is guaranteed to all. No religious organization shall receive any privileges from the State, nor exercise any political authority.

No person shall be compelled to take part in any religious act, celebration, rite or practice.

The State and its organs shall refrain from religious education or any other religious activity.

Article 21. Freedom of assembly and association as well as speech, press and all other forms of expression are guaranteed.

No censorship shall be maintained, nor shall the se-

crecy of any means of communication be violated.

Article 22. Every person shall have freedom to choose and change his residence and to choose his occupation to the extent that it does not interfere with the public welfare.

Freedom of all persons to move to a foreign country and to divest themselves of their nationality shall be inviolate.

Article 23. Academic freedom is guaranteed.

Article 24. Marriage shall be based only on the mutual consent of both sexes and it shall be maintained through mutual cooperation with the equal rights of husband and wife as a basis.

With regard to choice of spouse, property rights, inheritance, choice of domicile, divorce and other matters pertaining to marriage and the family, laws shall be enacted from the standpoint of individual dignity and the essential equality of the sexes.

Article 25. All people shall have the right to maintain the minimum standards of wholesome and cultured living.

In all spheres of life, the State shall use its endeavors for the promotion and extension of social welfare and security, and of public health.

Article 26. All people shall have the right to receive an equal education correspondent to their ability, as provided by law.

All people shall be obligated to have all boys and girls under their protection receive ordinary education as provided for by law. Such compulsory education shall be free.

Article 27. All people shall have the right and the obligation to work.

Standards for wages, hours, rest and other working conditions shall be fixed by law.

Children shall not be exploited.

Article 28. The right of workers to organize and to bargain and act collectively is guaranteed.

Article 29. The right to own or to hold property is inviolable.

Property rights shall be defined by law, in conformity with the public welfare.

Private property may be taken for public use upon just compensation therefor.

Article 30. The people shall be liable to taxation as provided by law.

Article 31. No person shall be deprived of life or liberty, nor shall any other criminal penalty be imposed,

except according to procedure established by law.

Article 32. No person shall be denied the right of access to the courts.

Article 33. No person shall be apprehended except upon warrant issued by a competent judicial officer which specifies the offense with which the person is charged, unless he is apprehended, the offense being committed.

Article 34. No person shall be arrested or detained without being at once informed of the charges against him or without the immediate privilege of counsel; nor shall he be detained without adequate cause; and upon demand of any person such cause must be immediately shown in open court in his presence and the presence of his counsel.

Article 35. The right of all persons to be secure in their homes, papers and effects against entries, searches and seizures shall not be impaired except upon warrant issued for adequate cause and particularly describing the place to be searched and things to be seized, or except as provided by Article 33.

Each search or seizure shall be made upon separate warrant issued by a competent judicial officer.

Article 36. The infliction of torture by any public offi-

cer and cruel punishments are absolutely forbidden.

Article 37. In all criminal cases the accused shall enjoy the right to a speedy and public trial by an impartial tribunal.

He shall be permitted full opportunity to examine all witnesses, and he shall have the right of compulsory process for obtaining witnesses on his behalf at public expense.

At all times the accused shall have the assistance of competent counsel who shall, if the accused is unable to secure the same by his own efforts, be assigned to his use by the State.

Article 38. No person shall be compelled to testify against himself.

Confession made under compulsion, torture or threat, or after prolonged arrest or detention shall not be admitted in evidence.

No person shall be convicted or punished in cases where the only proof against him is his own confession.

Article 39. No person shall be held criminally liable for an act which was lawful at the time it was committed, or of which he has been acquitted, nor shall he be placed in double jeopardy.

Article 40. Any person, in case he is acquitted after

he has been arrested or detained, may sue the State for redress as provided by law.

CHAPTER IV. THE DIET

Article 41. The Diet shall be the highest organ of state power, and shall be the sole law-making organ of the State.

Article 42. The Diet shall consist of two Houses, namely the House of Representatives and the House of Councillors.

Article 43. Both Houses shall consist of elected members, representative of all the people.

The number of the members of each House shall be fixed by law.

Article 44. The qualifications of members of both Houses and their electors shall be fixed by law. However, there shall be no discrimination because of race, creed, sex, social status, family origin, education, property or income.

Article 45. The term of office of members of the House of Representatives shall be four years. However, the term shall be terminated before the full term is up in case the House of Representatives is dissolved.

Article 46. The term of office of members of the

House of Councillors shall be six years, and election for half the members shall take place every three years.

Article 47. Electoral districts, method of voting and other matters pertaining to the method of election of members of both Houses shall be fixed by law.

Article 48. No person shall be permitted to be a member of both Houses simultaneously.

Article 49. Members of both Houses shall receive appropriate annual payment from the national treasury in accordance with law.

Article 50. Except in cases provided by law, members of both Houses shall be exempt from apprehension while the Diet is in session, and any members apprehended before the opening of the session shall be freed during the term of the session upon demand of the House.

Article 51. Members of both Houses shall not be held liable outside the House for speeches, debates or votes cast inside the House.

Article 52. An ordinary session of the Diet shall be convoked once per year.

Article 53. The Cabinet may determine to convoke extraordinary sessions of the Diet. When a quarter or more of the total members of either House makes the

demand, the Cabinet must determine on such convocation.

Article 54. When the House of Representatives is dissolved, there must be a general election of members of the House of Representatives within forty (40) days from the date of dissolution, and the Diet must be convoked within thirty (30) days from the date of the election.

When the House of Representatives is dissolved, the House of Councillors is closed at the same time. However, the Cabinet may in time of national emergency convoke the House of Councillors in emergency session.

Measures taken at such session as mentioned in the proviso of the preceding paragraph shall be provisional and shall become null and void unless agreed to by the House of Representatives within a period of ten (10) days after the opening of the next session of the Diet.

Article 55. Each House shall judge disputes related to qualifications of its members. However, in order to deny a seat to any member, it is necessary to pass a resolution by a majority of two-thirds or more of the members present.

Article 56. Business cannot be transacted in either House unless one-third or more of total membership is

present.

All matters shall be decided, in each House, by a majority of those present, except as elsewhere provided in the Constitution, and in case of a tie, the presiding officer shall decide the issue.

Article 57. Deliberation in each House shall be public. However, a secret meeting may be held where a majority of two-thirds or more of those members present passes a resolution therefor.

Each House shall keep a record of proceedings. This record shall be published and given general circulation, excepting such parts of proceedings of secret session as may be deemed to require secrecy.

Upon demand of one-fifth or more of the members present, votes of the members on any matter shall be recorded in the minutes.

Article 58. Each House shall select its own president and other officials.

Each House shall establish its rules pertaining to meetings, proceedings and internal discipline, and may punish members for disorderly conduct. However, in order to expel a member, a majority of two-thirds or more of those members present must pass a resolution thereon.

Article 59. A bill becomes a law on passage by both Houses, except as otherwise provided by the Constitution.

A bill which is passed by the House of Representatives, and upon which the House of Councillors makes a decision different from that of the House of Representatives, becomes a law when passed a second time by the House of Representatives by a majority of two-thirds or more of the members present.

The provision of the preceding paragraph does not preclude the House of Representatives from calling for the meeting of a joint committee of both Houses, provided for by law.

Failure by the House of Councillors to take final action within sixty (60) days after receipt of a bill passed by the House of Representatives, time in recess excepted, may be determined by the House of Representatives to constitute a rejection of the said bill by the House of Councillors.

Article 60. The budget must first be submitted to the House of Representatives.

Upon consideration of the budget, when the House of Councillors makes a decision different from that of the House of Representatives, and when no agreement can

be reached even through a joint committee of both Houses, provided for by law, or in the case of failure by the House of Councillors to take final action within thirty (30) days, the period of recess excluded, after the receipt of the budget passed by the House of Representatives, the decision of the House of Representatives shall be the decision of the Diet.

Article 61. The second paragraph of the preceding article applies also to the Diet approval required for the conclusion of treaties.

Article 62. Each House may conduct investigations in relation to government, and may demand the presence and testimony of witnesses, and the production of records.

Article 63. The Prime Minister and other Ministers of State may, at any time, appear in either House for the purpose of speaking on bills, regardless of whether they are members of the House or not. They must appear when their presence is required in order to give answers or explanations.

Article 64. The Diet shall set up an impeachment court from among the members of both Houses for the purpose of trying those judges against whom removal proceedings have been instituted.

Matters relating to impeachment shall be provided by law.

CHAPTER V. THE CABINET

Article 65. Executive power shall be vested in the Cabinet.

Article 66. The Cabinet shall consist of the Prime Minister, who shall be its head, and other Ministers of State, as provided for by law.

The Prime Minister and other Ministers of State must be civilians.

The Cabinet, in the exercise of executive power, shall be collectively responsible to the Diet.

Article 67. The Prime Minister shall be designated from among the members of the Diet by a resolution of the Diet. This designation shall precede all other business.

If the House of Representatives and the House of Councillors disagree and if no agreement can be reached even through a joint committee of both Houses, provided for by law, or the House of Councillors fails to make designation within ten (10) days, exclusive of the period of recess, after the House of Representatives has made designation, the decision of the House of Representa-

tives shall be the decision of the Diet.

Article 68. The Prime Minister shall appoint the Ministers of State. However, a majority of their number must be chosen from among the members of the Diet.

The Prime Minister may remove the Ministers of State as he chooses.

Article 69. If the House of Representatives passes a non-confidence resolution, or rejects a confidence resolution, the Cabinet shall resign en masse, unless the House of Representatives is dissolved within ten (10) days.

Article 70. When there is a vacancy in the post of Prime Minister, or upon the first convocation of the Diet after a general election of members of the House of Representatives, the Cabinet shall resign en masse.

Article 71. In the cases mentioned in the two preceding articles, the Cabinet shall continue its functions until the time when a new Prime Minister is appointed.

Article 72. The Prime Minister, representing the Cabinet, submits bills, reports on general national affairs and foreign relations to the Diet and exercises control and supervision over various administrative branches.

Article 73. The Cabinet, in addition to other general

administrative functions, shall perform the following functions:

Administer the law faithfully; conduct affairs of state.

Manage foreign affairs.

Conclude treaties. However, it shall obtain prior or, depending on circumstances, subsequent approval of the Diet.

Administer the civil service, in accordance with standards established by law.

Prepare the budget, and present it to the Diet.

Enact cabinet orders in order to execute the provisions of this Constitution and of the law. However, it cannot include penal provisions in such cabinet orders unless authorized by such law.

Decide on general amnesty, special amnesty, commutation of punishment, reprieve, and restoration of rights.

Article 74. All laws and cabinet orders shall be signed by the competent Minister of State and countersigned by the Prime Minister.

Article 75. The Ministers of State, during their tenure of office, shall not be subject to legal action without the consent of the Prime Minister. However, the right to

take that action is not impaired hereby.

CHAPTER VI. JUDICIARY

Article 76. The whole judicial power is vested in a Supreme Court and in such inferior courts as are established by law.

No extraordinary tribunal shall be established, nor shall any organ or agency of the Executive be given final judicial power.

All judges shall be independent in the exercise of their conscience and shall be bound only by this Constitution and the laws.

Article 77. The Supreme Court is vested with the rule-making power under which it determines the rules of procedure and of practice, and of matters relating to attorneys, the internal discipline of the courts and the administration of judicial affairs.

Public procurators shall be subject to the rule-making power of the Supreme Court.

The Supreme Court may delegate the power to make rules for inferior courts to such courts.

Article 78. Judges shall not be removed except by public impeachment unless judicially declared mentally or physically incompetent to perform official duties. No

disciplinary action against judges shall be administered by any executive organ or agency.

Article 79. The Supreme Court shall consist of a Chief Judge and such number of judges as may be determined by law; all such judges excepting the Chief Judge shall be appointed by the Cabinet.

The appointment of the judges of the Supreme Court shall be reviewed by the people at the first general election of members of the House of Representatives following their appointment, and shall be reviewed again at the first general election of members of the House of Representatives after a lapse of ten (10) years, and in the same manner thereafter.

In cases mentioned in the foregoing paragraph, when the majority of the voters favors the dismissal of a judge, he shall be dismissed.

Matters pertaining to review shall be prescribed by law.

The judges of the Supreme Court shall be retired upon the attainment of the age as fixed by law.

All such judges shall receive, at regular stated intervals, adequate compensation which shall not be decreased during their terms of office.

Article 80. The judges of the inferior courts shall be

appointed by the Cabinet from a list of persons nominated by the Supreme Court. All such judges shall hold office for a term of ten (10) years with privilege of reappointment, provided that they shall be retired upon the attainment of the age as fixed by law.

The judges of the inferior courts shall receive, at regular stated intervals, adequate compensation which shall not be decreased during their terms of office.

Article 81. The Supreme Court is the court of last resort with power to determine the constitutionality of any law, order, regulation or official act.

Article 82. Trials shall be conducted and judgment declared publicly.

Where a court unanimously determines publicity to be dangerous to public order or morals, a trial may be conducted privately, but trials of political offenses, offenses involving the press or cases wherein the rights of people as guaranteed in Chapter III of this Constitution are in question shall always be conducted publicly.

CHAPTER VII. FINANCE

Article 83. The power to administer national finances shall be exercised as the Diet shall determine.

Article 84. No new taxes shall be imposed or existing

ones modified except by law or under such conditions as law may prescribe.

Article 85. No money shall be expended, nor shall the State obligate itself, except as authorized by the Diet.

Article 86. The Cabinet shall prepare and submit to the Diet for its consideration and decision a budget for each fiscal year.

Article 87. In order to provide for unforeseen deficiencies in the budget, a reserve fund may be authorized by the Diet to be expended upon the responsibility of the Cabinet.

The Cabinet must get subsequent approval of the Diet for all payments from the reserve fund.

Article 88. All property of the Imperial Household shall belong to the State. All expenses of the Imperial Household shall be appropriated by the Diet in the budget.

Article 89. No public money or other property shall be expended or appropriated for the use, benefit or maintenance of any religious institution or association, or for any charitable, educational or benevolent enterprises not under the control of public authority.

Article 90. Final accounts of the expenditures and

revenues of the State shall be audited annually by a Board of Audit and submitted by the Cabinet to the Diet, together with the statement of audit, during the fiscal year immediately following the period covered.

The organization and competency of the Board of Audit shall be determined by law.

Article 91. At regular intervals and at least annually the Cabinet shall report to the Diet and the people on the state of national finances.

CHAPTER VIII. LOCAL SELF-GOVERNMENT

Article 92. Regulations concerning organization and operations of local public entities shall be fixed by law in accordance with the principle of local autonomy.

Article 93. The local public entities shall establish assemblies as their deliberative organs, in accordance with law.

The chief executive officers of all local public entities, the members of their assemblies, and such other local officials as may be determined by law shall be elected by direct popular vote within their several communities.

Article 94. Local public entities shall have the right to manage their property, affairs and administration

and to enact their own regulations within law.

Article 95. A special law, applicable only to one local public entity, cannot be enacted by the Diet without the consent of the majority of the voters of the local public entity concerned, obtained in accordance with law.

CHAPTER IX. AMENDMENTS

Article 96. Amendments to this Constitution shall be initiated by the Diet, through a concurring vote of two-thirds or more of all the members of each House and shall thereupon be submitted to the people for ratification, which shall require the affirmative vote of a majority of all votes cast thereon, at a special referendum or at such election as the Diet shall specify.

Amendments when so ratified shall immediately be promulgated by the Emperor in the name of the people, as an integral part of this Constitution.

CHAPTER X. SUPREME LAW

Article 97. The fundamental human rights by this Constitution guaranteed to the people of Japan are fruits of the age-old struggle of man to be free; they have survived the many exacting tests for durability and are conferred upon this and future generations in

trust, to be held for all time inviolate.

Article 98. This Constitution shall be the supreme law of the nation and no law, ordinance, imperial rescript or other act of government, or part thereof, contrary to the provisions hereof, shall have legal force or validity.

The treaties concluded by Japan and established laws of nations shall be faithfully observed.

Article 99. The Emperor or the Regent as well as Ministers of State, members of the Diet, judges, and all other public officials have the obligation to respect and uphold this Constitution.

CHAPTER XI. SUPPLEMENTARY PROVISIONS

Article 100. This Constitution shall be enforced as from the day when the period of six months will have elapsed counting from the day of its promulgation.

The enactment of laws necessary for the enforcement of this Constitution, the election of members of the House of Councillors and the procedure for the convocation of the Diet and other preparatory procedures necessary for the enforcement of this Constitution may be executed before the day prescribed in the preceding paragraph.

Article 101. If the House of Councillors is not constituted before the effective date of this Constitution, the House of Representatives shall function as the Diet until such time as the House of Councillors shall be constituted.

Article 102. The term of office for half the members of the House of Councillors serving in the first term under this Constitution shall be three years. Members falling under this category shall be determined in accordance with law.

Article 103. The Ministers of State, members of the House of Representatives, and judges in office on the effective date of this Constitution, and all other public officials who occupy positions corresponding to such positions as are recognized by this Constitution shall not forfeit their positions automatically on account of the enforcement of this Constitution unless otherwise specified by law. When, however, successors are elected or appointed under the provisions of this Constitution, they shall forfeit their positions as a matter of course.

索　引

「憲」は日本国憲法,「明憲」は大日本帝国憲法,「不戦」はパリ不戦条約,「ポ宣」はポツダム宣言,「降伏」は降伏文書,「平和」は日本国との平和条約,「安保」は日米安全保障条約をそれぞれ指す. また, 丸数字は項, 漢数字は号を指す.

あ 行

か 行

た　行

な　行

は　行

ま　行

や　行

ら　行